EXPEDITION NATUR

BÄRBEL OFTRING

Entdecken, forschen & verstehen

DIE BECHERLUPE

DIE WELT DER KLEINEN TIERE GANZ GROß

MIT EXPERIMENTEN, IDEEN & UMWELT-TIPPS

moses.

Mein Steckbrief

Foto

Name: ______________________

____

Adresse: ______________________

____

Geburtstag: ______________________

Haarfarbe: ______________________

Augenfarbe: ______________________

Lieblingstier: ______________________

Lieblingspflanze: ______________________

Traumberuf: ______________________

Das würde ich am liebsten erforschen: ______________________

____

____

Mein Fingerabdruck: ______________________

Inhalt

Mit der Becherlupe unterwegs

Die Natur ist voller Wunder, die von dir entdeckt werden wollen. Vögel, Säugetiere, Echsen, Frösche und Kröten siehst du gut mit bloßem Auge. Käfer, Heuschrecken und Libellen ebenfalls, aber eine Ameise oder eine Blattlaus sind ziemlich klein. Damit du die kleinen Krabbeltiere, aber auch Blüten, leere Schneckenhäuschen oder glitzernde Steine genauer erkunden kannst, brauchst du eine Lupe.

Sehr gut eignet sich eine Becherlupe, in die du Krabbeltiere hineinsetzen und sie mit der Lupe im Deckel vergrößert anschauen kannst. Der Vorteil: Die Tiere können nicht fliehen, während du sie in Ruhe betrachtest. Du kannst sogar kleine Experimente mit der Becherlupe machen: Biete beispielsweise einem Marienkäfer seine Lieblingsspeise an (das sind Blattläuse auf einem Blatt) und beobachte seine Jagdstrategie. Oder erkunde, wie sich ein Regenwurm durch Erde und Laub in deiner Becherlupe wühlt.

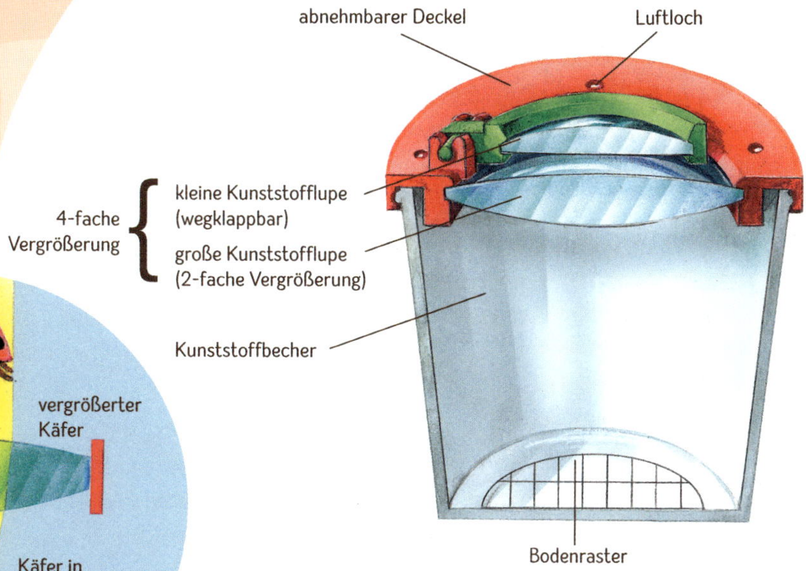

So ist eine Becherlupe aufgebaut.

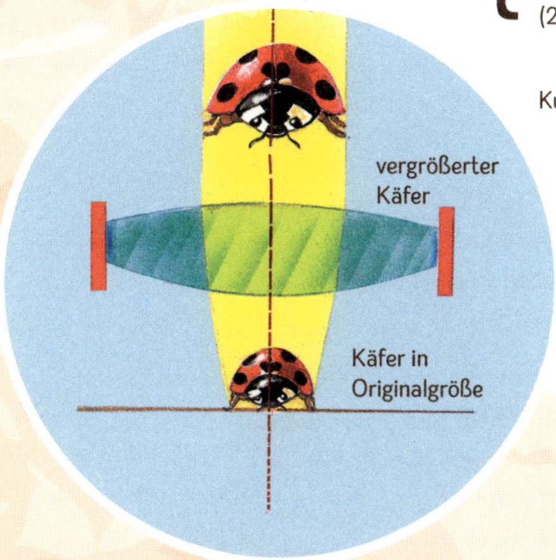

So siehst du den Käfer vergrößert durch die Lupe.

Setze aber nur Krabbeltiere in die Becherlupe, die auch hineinpassen. Schmetterlinge solltest du wegen ihrer zarten Flügel nicht in die Becherlupe sperren, sondern sie stattdessen nur mit einer Lupe beobachten – zum Glück sitzen sie ja gern ganz ruhig auf den Blüten. Um große Libellen oder große Käfer vergrößert zu betrachten, brauchst du eine extragroße Lupendose. Zwänge sie nicht ein!

Gehe sorgfältig mit der Becherlupe um. Achte darauf, dass keine Kratzer die Lupe beschädigen. Dann hast du lange Zeit viel Freude mit deiner Lupendose.

Krabbeltiere finden und sammeln

Kleine Tiere, die du mit der Becherlupe beobachten kannst, gibt es überall – sogar im Haus. Es leben jedoch nicht überall die gleichen Krabbeltiere: Ameisen und Laufkäfer findest du am Erdboden, Heuschrecken und Marienkäfer an Blättern und Stängeln und Weichkäfer und Hummeln auf den Blüten.

- ✗ Tiere auf Blüten, Blättern und Stängeln kannst du einfach absammeln. Halte den Becher der Becherlupe unter das Tier, rüttele leicht an dem Pflanzenteil und schon fällt das Tier hinein.
- ✗ Auch Tiere, die auf Zweigen und Ästen sitzen, klopfst du einfach herunter.
- ✗ Verstecken sich Tiere in den Ritzen von Rinde oder Baumstümpfen, so kannst du sie vorsichtig mit einem Pinsel herausleiten. Will das Tier nicht, dann lass es dort und suche nach einem anderen.
- ✗ Kleine Tiere, die in der Erde leben, schaufelst du vorsichtig mit etwas Erde in deinen Becher.
- ✗ Beim Fangen von Bodentieren musst du etwas aufpassen. Ist der Untergrund glatt, so stülpe den Becher über das Tier und schiebe ein dünnes Blatt Papier zwischen Untergrund und Becherlupenrand – schon ist das Tier gefangen. Das funktioniert auch bei Tieren, die an einer Fensterscheibe sitzen.
- ✗ Ist der Untergrund uneben, was meist draußen der Fall ist, musst du die Tiere auf eine andere Weise fangen: Grab ein Marmeladenglas bei trockenem Wetter so im Erdboden ein, dass sich der Rand auf derselben Höhe wie der Erdboden befindet. Nach und nach purzeln etliche Krabbeltiere hinein, die du dir nun anschauen kannst. Lass sie dann wieder frei.

Wichtig: Schaue jede Stunde nach, welche Tiere im Glas gefangen sind und befreie sie. Wenn deine Erkundungen beendet sind, hole das Glas wieder aus dem Erdboden heraus – du möchtest doch keine tödliche Falle haben! Stelle diese Falle auch niemals an Regentagen auf.

Wichtig!

Sei stets achtsam bei deinen Erkundungen und lass alle Tiere, seien sie auch noch so klein, leben. Verletze sie nicht! Darum solltest du die Tiere immer vorsichtig und schonend fangen.

Stelle eine Becherlupe mit einem lebenden Tier niemals in die pralle Sonne, denn die Luft darin heizt sich rasch auf und es wird für die Krabbeltiere in der Becherlupe tödlich heiß. Beobachte die Tiere nur im Schatten.

Möchtest du Wassertiere erkunden, fülle den Becher zuvor mit Wasser!

Schau dir die Tiere gründlich an, aber nur für kurze Zeit. Lass die Tiere nach wenigen Minuten dort frei, wo du sie gefunden hast.

Sei vorsichtig: Manche Tiere können stechen oder beißen!

Achtung: Setze niemals einen Weberknecht in deine Becherlupe. Sobald er sich in Gefahr wähnt, verströmt er stinkende Wehrsekrete - eigentlich sollen sie seine Fressfeinde vertreiben. Doch in einem geschlossenen Gefäß wie der Becherlupe betäubt er sich selbst damit.

Spezial:

Drehe flache Steine um! Darunter verstecken sich oft Asseln, Hundertfüßer und andere Krabbeltiere. Lege danach die Steine wieder so hin, wie du sie vorgefunden hast.

So kannst du eine Stubenfliege fangen.

Mit der Becherlupe rund ums Haus

Beobachtungen in Haus und Garten

Rund ums Haus, in Park und Garten finden viele Tiere ein herrliches Paradies zum Leben: Gebüsch, Blumenwiese, Teich und Bäume laden Insekten, Spinnen, Schnecken und andere kleine Krabbeltiere ein, die hier ausreichend Nahrung und Verstecke finden.

Auf bunten Blumen treffen Bienen, Hummeln und Schmetterlinge ein, die den süßen Nektar saugen. Dort und auf den Blättern und Stängeln findest du auch verschiedene Käfer und Wanzen. Marienkäfer sind besonders beliebt im Garten, denn sie gehören zu den Blattlausjägern. Im Gebüsch baut die Kreuzspinne ihr kunstvolles Radnetz – dort findest du auch die stets hungrigen Raupen der Schmetterlinge.

Mach deine Augen auf und schau dich genau um. Nimm dir Zeit zum Entdecken, denn viele Tiere leben versteckt und sind sehr scheu. Beobachte, dass sich in den verschiedenen Jahreszeiten stets andere Tiere im Garten aufhalten. Welche hast du heute entdeckt?

Spezial:

Wenn du wissen willst, welche Tiere in den Sträuchern deines Gartens leben, breite im Sommer ein helles Tuch oder einen umgedrehten Regenschirm unter einem starken Ast aus. Dann schüttel ihn heftig. Es ist erstaunlich, welche verschiedenen Spinnen, Käfer, Fliegen und andere Insekten zum Vorschein kommen. Schau dir die Tiere mit der Lupe an und lass sie dann unversehrt wieder frei.

Blüten und Früchte erkunden

Im Garten wächst eine große Vielfalt an Blüten. Schau sie dir mit der Becherlupe an. Auch Früchte bieten dir vergrößert einen ganz neuen Anblick – leg einfach Himbeeren, Johannisbeeren und all die anderen köstlichen Früchte in deine Becherlupe, bevor du sie verspeist. Betrachte die Früchte auch, wenn du sie geöffnet oder halbiert hast. So siehst du, wie sie innen ausschauen.

Auf Schatzsuche

Im Garten findest du wunderschöne Dinge wie Vogelfedern, leere Schneckengehäuse, verlassene Wespennester, bizarre Schalen, Steine, Blätter, harte Früchte und vielgestaltige Blüten. Sie alle sind einen Blick mit der Becherlupe wert. Dann gibst du diese Fundstücke der Natur zurück oder suchst ihnen in deiner Spurensammlung einen schönen Platz.

Das habe ich beobachtet:

Das habe ich draußen entdeckt:

- ☐ **Vogelfedern**
- ☐ **Blätter:** ☐ grün ☐ farbig im Herbst ☐ mit Löchern oder angeknabb
- ☐ **Blüten**
- ☐ **Früchte** ☐ welche ____________________
- ☐ **Rindenstücke**
- ☐ **Pilze**
- ☐ **Steine**
- ☐ **Tiere:**

☐ Ameise	☐ Honigbiene	☐ Zebraspringspinn
☐ Gemeine Wespe	☐ Florfliege	☐ Silberfischchen
☐ Hauswinkelspinne	☐ Feuerwanze	☐ ______________
☐ Läuse	☐ Hummel	☐ ______________

Das habe ich beobachtet:

Diese Tiere habe ich im Haus entdeckt:

- [ ] Kellerassel
- [ ] Zebraspringspinne
- [ ] Hauswinkelspinne
- [ ] Florfliege
- [ ] Stubenfliege
- [ ] Silberfischchen

Diese Gartentiere habe ich entdeckt:

- [ ] Regenwurm
- [ ] Gehäuseschnecke — [ ] leeres Gehäuse
- [ ] Nacktschnecke
- [ ] Kreuzspinne
- [ ] Weberknecht
- [ ] Ohrwurm
- [ ] Stinkwanze
- [ ] Feuerwanze
- [ ] Blattläuse
- [ ] Schmetterling — [ ] Raupe
- [ ] Marienkäfer
- [ ] Ameise
- [ ] Honigbiene
- [ ] Wespe
- [ ] Hummel
- [ ] ______________________
- [ ] ______________________
- [ ] ______________________
- [ ] ______________________
- [ ] ______________________
- [ ] ______________________

Regenwurm

Im Erdreich zuhause

Regenwürmer heißen so, weil du sie bei starkem Regen überall auf den Wegen entdecken kannst. Dann verlassen sie ihre unterirdischen Gänge, vielleicht weil Regen im Boden genauso klingt wie ein grabender Maulwurf - der ärgste Feind des Regenwurms.

Doch am Tageslicht droht neue Gefahr für diese Erdbewohner: Laufkäfer, Vögel, Igel und viele andere Tiere erbeuten gern die hilflosen Würmer. Auch die Sonne ist gefährlich, weil die helle Haut leicht verbrennt – so wie du kann auch der Regenwurm einen Sonnenbrand bekommen, der für ihn aber tödlich sein kann.

Darum verstecken sich Regenwürmer tagsüber in ihren unterirdischen Gängen. Nachts strecken sie ihren Vorderkörper aus der Röhre, fressen kleine Pflanzenteilchen vom Erdboden oder ziehen herabgefallene Blätter mit ins Erdreich, um sie dort zu verspeisen. Nun weißt du, wohin manche Blätter verschwinden. Der nährstoffreiche Regenwurmkot, den du an feuchten Morgen wie braune Spaghettiknäuel auf Rasen und Wiesen entdecken kannst, enthält diese verdauten Pflanzenreste und macht den Boden fruchtbar.

Beobachtungsideen:

- ✗ Wo ist vorne? Wo ist hinten?
- ✗ Entdeckst du die feinen Borsten auf der Hautoberfläche, mit denen sich der Wurm durch die Erde schiebt?
- ✗ Fülle deine Becherlupe mit Erde und beobachte, wie sich ein Regenwurm darin durch die Erde frisst.
- ✗ Gehe nachts auf Regenwurmpirsch, dabei musst du dich ganz vorsichtig und langsam einem Wurm nähern!

Spezial:

Setze einen Regenwurm auf ein Stück Butterbrotpapier. Gehe ganz nah ran mit deinem Ohr. Hörst du, wie seine feinen Borsten über das Papier kratzen, wenn sich der Wurm bewegt?

Das habe ich beobachtet:

Steckbrief

Länge: bis zu 30 cm

Auffällig: lang gestreckter Wurm aus bis zu 180 Segmenten

Nahrung: Erde, kleine Pflanzenteilchen, Laub

Aha! Ein Regenwurm kann bis zu zehn Jahre alt werden. Er atmet mit der Haut, die durch eingelagerte Farbstoffe rot gefärbt ist. In seiner Haut befinden sich auch lichtempfindliche Zellen, mit denen der Wurm wahrnimmt, ob es hell oder dunkel ist. Regenwürmer sind Zwitter - also Männchen und Weibchen zugleich. Bei der Paarung begatten sie sich gegenseitig und beide legen danach Eier im Boden ab.

YEP!

Entdeckt ...

- ☐ im Haus
- ☐ draußen
- ☐ auf dem Boden
- ☐ in der Luft
- ☐ auf einem Blatt
- ☐ auf einer Blüte
- ☐ auf Stängel/Rinde
- ☐ im Gebüsch

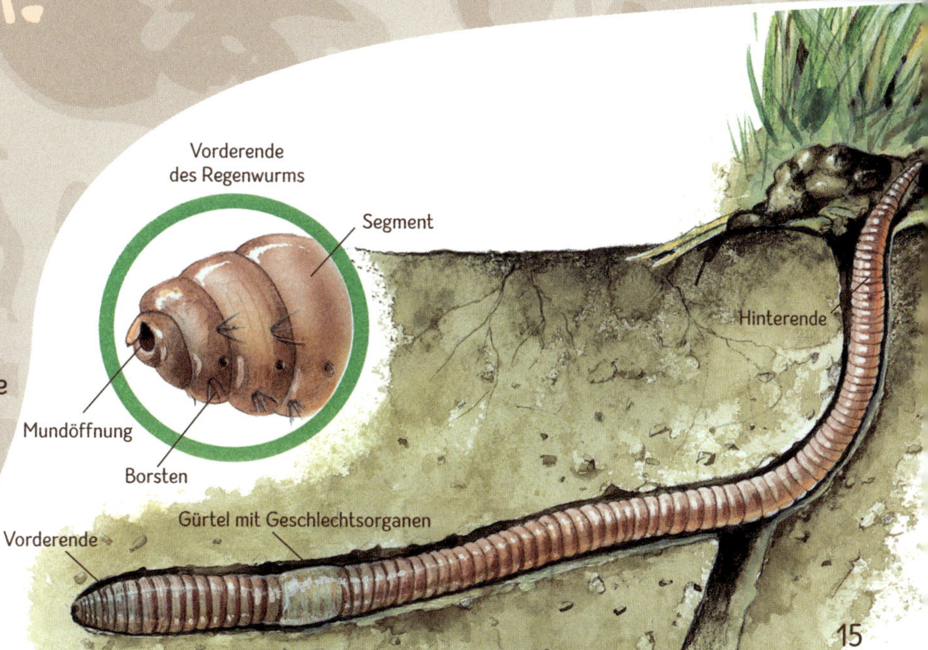

Keller- & Mauerassel

Lieben es feucht und dunkel

Asseln entdeckst du im Keller und im Komposthaufen, unter der losen Rinde von Baumstämmen, unter Falllaub und unter Steinen. Spürst du sie in ihrem Versteck auf, so fliehen sie hastig in einen neuen, dunklen Unterschlupf.

Asseln können nur in einer feuchten Umgebung leben, denn sie müssen ihre kiemenähnlichen Atmungsorgane (die an den Hinterbeinen sitzen) ständig feucht halten. Asseln sind nämlich keine Insekten oder Spinnen, sondern Krebse, die das Land erobert haben. So gehören die ständig im Wasser lebenden Garnelen, Krabben und Flusskrebse zur weiten Verwandtschaft der Asseln.

Auf dem Rücken tragen Asseln einen festen Körperpanzer aus Chitin. Er besteht wie die Gelenke einer Ritterrüstung aus vielen einzelnen Segmenten, damit sich die Tiere bewegen können. Der Panzer schützt den weichen Bauch und sorgt dafür, dass es dort immer feucht bleibt. Weibchen besitzen an ihrem Bauch eine Bruttasche, in der sie die Eier mit sich herum tragen. Auch die frisch geschlüpften Jungasseln verbringen ihre ersten Lebenstage in dieser Bruttasche.

Beobachtungsideen:

- ✗ In feuchten Kellerräumen kannst du auf Asselsuche gehen. Fang sie vorsichtig mit deiner Becherlupe.
- ✗ Aus wie vielen Segmenten besteht der dunkle Körperpanzer? Siehst du die langen Fühler?
- ✗ Schau dir eine Assel von unten an. Erkennst du, dass die vorderen Beine anders aussehen als die hinteren?
- ✗ Tupfe einen Wassertropfen in deinen Becher und beobachte, was passiert. Asseln tippen hin und wieder ihre Hinterbeine ins Wasser.

Spezial:

Lege in eine Schachtel (leerer Schuhkarton) ein trockenes und ein feuchtes (nicht nasses) Blatt von einer Küchenrolle. Setze nun ein paar Asseln in die Schachtel. Unter welchem Papier verstecken sich die meisten?

Das habe ich beobachtet:

Steckbrief

Länge: bis zu 2 cm

Auffällig: dunkler, ovaler Körperpanzer mit vielen Segmenten, viele Beine

Nahrung: weiche und abgestorbene Pflanzenteile

Aha! Um sich vor feindlichen Spinnen zu schützen, sondern Asseln eine klebrige Flüssigkeit ab.

Entdeckt …

- ☐ im Haus
- ☐ draußen
- ☐ auf dem Boden
- ☐ in der Luft
- ☐ auf einem Blatt
- ☐ auf einer Blüte
- ☐ auf Stängel/Rinde
- ☐ im Gebüsch

Kreuzspinne

Fleißige Netzbauerin

Kreuzspinnen leben bei uns fast überall, wo es Gebüsch oder Bäume gibt. Zwischen Ästen und Zweigen bauen sie jeden Tag aus selbst gesponnenen Spinnfäden ein neues Radnetz, nachdem sie das alte aufgefressen haben. Du kannst diese kunstvollen Netze aber auch zwischen den Streben eines Brücken- oder Treppengeländers finden oder draußen vor dem Fenster – halte deine Augen offen. Ins Haus kommen Kreuzspinnen nur selten.

Tagsüber wirst du kaum eine Kreuzspinne mitten auf ihrem Netz entdecken. Dann versteckt sie sich meist in dessen Nähe. Wenn du denkst, dass sie nun schläft, so täuschst du dich: Die Spinne ist nämlich durch einen Spinnfaden mit ihrem Netz verbunden und bekommt sofort mit, wenn sich darin ein Insekt verfängt. Sofort eilt sie zu dem strampelnden Insekt, fesselt die Beute mit frisch gesponnenen Fäden und tötet sie mit einem giftigen Biss. Das Gift enthält auch Verdauungssäfte, die das Körperinnere des Beutetiers zu einem flüssigen Brei auflösen. Dann muss die Spinne nur noch den flüssigen Körperinhalt aufschlürfen – zurück bleibt die leere Hülle.

Beobachtungsideen:

- ✗ An welchem Körperteil sitzen die vier Beinpaare – am kleinen Vorderleib oder am großen Hinterleib?
- ✗ Die dunklen Punkte auf dem Vorderleib sind Augen: Zähle, wie viele es sind.
- ✗ Entdeckst du die kleinen Spinnwarzen am Ende des Hinterleibs? Du musst dazu die Spinne von unten betrachten.
- ✗ Schau dir die langen Giftklauen am Kopf an. Mit ihnen beißt die Kreuzspinne zu.

Spezial:

Fang eine Kreuzspinne vorsichtig aus ihrem Netz und setze sie auf einen verzweigten Ast. Mit viel Glück kannst du beobachten, wie sie ein Netz baut. Zeichne auf, wie sie es macht. Wie lange braucht sie dafür? Welchen Faden spinnt sie zuerst, welchen als nächstes?

Die Kreuzspinne lähmt eine Fliege.

Das habe ich beobachtet:

Steckbrief

Länge: bis zu 2 cm

Auffällig: bräunlicher Körper mit Kreuzzeichnung auf dem Hinterleib und Fleckenmuster, vier Beinpaare

Nahrung: Insekten

Aha! Obwohl Spinnfäden so dünn sind, sind sie enorm stark. Seilt sich eine Spinne an ihrem selbst gesponnenen Faden ab, so hängt sie sicherer daran als eine Seilbahn an einem zentimeterdicken Stahlseil.

YEP!

Entdeckt ...

- ☐ im Haus
- ☐ draußen
- ☐ auf dem Boden
- ☐ in der Luft
- ☐ auf einem Blatt
- ☐ auf einer Blüte
- ☐ auf Stängel/Rinde
- ☐ im Gebüsch

Ohrwurm

Im Dunkeln zuhause

In seinem Namen sind gleich zwei Fehler enthalten: Erstens krabbelt ein Ohrwurm nicht in die Ohren, zweitens ist er kein Wurm, sondern – wie du leicht herausfindest, wenn du seine sechs Beine zählst – ein waschechtes Insekt.

Ohrwürmer lieben dunkle Schlupfwinkel. Tagsüber verstecken sie sich (oft zu vielen) unter Pflanzenkübeln, Steinen, Laub, in dichten Salatköpfen oder in Rosen- und anderen Blüten. Scheuchst du sie auf, huschen sie rasch in alle Richtungen davon und suchen ein neues Versteck.

Erst bei Dunkelheit werden die Ohrwürmer munter: Dann ziehen sie auf der Suche nach tierischer und pflanzlicher Kost umher. Weil sie auch die im Garten unbeliebten Blattläuse fressen, gelten sie als Nützlinge.

Männchen und Weibchen kannst du leicht an den Zangen am Hinterleibsende voneinander unterscheiden: Bei den Weibchen sind diese kürzer und gerade, bei den Männchen länger und sichelförmig gebogen. Mit den Zangen packen sie lebende Beute und verteidigen sich, wenn sie etwa von Artgenossen oder Spinnen angegriffen werden. Auch dich können sie mit den Zangen zwicken.

Beobachtungsideen:

- ✗ Entdeckst du die beiden braunen Deckflügel auf dem Rücken?
- ✗ Schau dir die Zangen am Hinterleibsende an: Ist es ein Weibchen oder ein Männchen?
- ✗ Lege ein kleines Stück Obst in die Becherlupe und beobachte, wie der Ohrwurm frisst.

Spezial:

Du kannst Ohrwürmern ein Tagesversteck anbieten: Fülle einen leeren Blumentopf mit Holzwolle und hänge ihn umgedreht in einen Baum. Wenn du dann einen Ohrwurm beobachten möchtest, weißt du, wo du ihn finden kannst.

Das habe ich beobachtet:

YEP!

Steckbrief

Länge: bis zu 2 cm

Auffällig: brauner Körper mit zwei kräftigen Zangen am Hinterende

Nahrung: Blüten, Pollen, Samen, Früchte, Läuse und andere kleine Insekten, deren Larven und Eier

Aha! Ohrwürmer besitzen Flügel! Sie sind rund 1 cm lang, ganz zart und liegen wie ein Fächer zusammengefaltet unter den kurzen, braunen Deckflügeln. Er nutzt sie selten und zählt zu den schlechten Fliegern innerhalb seiner Verwandtschaft.

Entdeckt ...

- ☐ im Haus
- ☐ draußen
- ☐ auf dem Boden
- ☐ in der Luft
- ☐ auf einem Blatt
- ☐ auf einer Blüte
- ☐ auf Stängel/Rinde
- ☐ im Gebüsch

Grüne Stinkwanze

Gut gepanzert

Die Stinkwanze trägt ihren Namen zu Recht. Wenn sie sich durch Feinde oder durch dich bedroht fühlt, versprüht sie gezielt eine gelbe, stinkende Flüssigkeit.

Wie alle Wanzen besitzt auch die Stinkwanze einen langen Stech- und Saugrüssel, mit dem sie dich allerdings nicht stechen kann. Vielmehr sticht sie mit dem Rüssel Pflanzenstängel und Früchte an, um deren Saft zu saugen. Früchte, an denen eine Wanze gesaugt hat, schmecken eklig! Wanzen können ihren Rüssel nicht aufrollen wie ein Schmetterling. Wenn sie ihn nicht brauchen, klappen sie ihn einfach auf die Bauchseite. Dort befindet sich eine schmale Rinne, in die der Rüssel perfekt hineinpasst. An diesem langen Rüssel kannst du auch Wanzen ganz leicht von den rüssellosen Käfern unterscheiden!

Im Sommer legt das Weibchen seine grünen, kugelrunden Eier in einem hübschen Pflastermuster auf Blättern ab. Daraus schlüpfen die kleinen Wanzen, die wie Mini-Erwachsene aussehen, aber noch keine Flügel besitzen. Die Geschwisterlarven bleiben meist in der Nähe des Geleges beisammen – dort kannst du sie dann leicht aufspüren. Fünfmal muss sich solch eine Wanzenlarve häuten, bis sie erwachsen und geflügelt ist.

Beobachtungsideen:

- ✗ Betrachte eine Wanze von unten: Erkennst du den langen Saugrüssel, der an der Bauchseite anliegt?
- ✗ Entdeckst du das braune, zarte Flügelpaar, das hinten unter den harten Deckflügeln hervorlugt?
- ✗ Besitzt die Stinkwanze keine Flügel, so ist das Tier eine Larve (sozusagen ein Wanzenkind).
- ✗ An den Kopfseiten sitzen die braunen Augen. Siehst du sie?

Spezial:

Gib eine Himbeere oder eine andere weiche, süße Frucht in deine Becherlupe und beobachte, wie die Stinkwanze daran saugt.

Das habe ich beobachtet:

Steckbrief

Länge: bis zu 1,5 cm

Auffällig: schildförmiger Körper, im Frühjahr und Sommer grün, im Herbst braun

Nahrung: Säfte von Pflanzen und Früchten

Aha! Stinkwanzen können auch Töne machen. Vor der Paarung erzeugen sie tiefe Töne, indem sie ihre Rückenschilder nach vorne und hinten bewegen. Die Stinkwanze überwintert zwischen Falllaub am Boden, manchmal auch im Haus.

YEP!

Entdeckt ...

- ☐ im Haus
- ☐ draußen
- ☐ auf dem Boden
- ☐ in der Luft
- ☐ auf einem Blatt
- ☐ auf einer Blüte
- ☐ auf Stängel/Rinde
- ☐ im Gebüsch

Stubenfliege

Oft lästig

Beim Frühstück, Mittagessen oder Abendbrot werden Stubenfliegen besonders lästig. Weil sie und auch die hübschen, verwandten Goldfliegen (das sind die metallisch grün glänzenden Fliegen!) auf Hundekot und anderem unappetitlichen Abfall landen, solltest du stets verhindern, dass Fliegen über die Speisen laufen. Schließlich putzen sie sich vorher nicht die Füße ab ...

Auffallend ist der dicke Tupfrüssel, mit dem die Fliege süße Flüssigkeiten wie mit einem Staubsauger aufsaugt. Zucker und andere feste Süßspeisen beträufelt die Fliege zunächst mit ihrem Speichel und macht sie so flüssig – dann saugt sie auch diese Flüssigkeiten auf.

Die Larven leben sozusagen wie die Made im Speck und wachsen in nahrungsreichem Kot, Mist, Jauche oder dem Komposthaufen heran.

An den Füßen der Fliegen befinden sich kleine Haftballen. Deshalb können diese Insekten problemlos an spiegelglatten Fensterscheiben hoch- oder an der Zimmerdecke entlanglaufen. Um dort oben zu landen, machen sie zunächst einen halben Purzelbaum rückwärts – und schon sind die sechs Füße an der Decke!

Beobachtungsideen:

- ✗ Schau dir den typischen Fliegenkopf an: große Augen, kleine Fühler, langer Tupfrüssel.
- ✗ Siehst du, dass die Fliege nur ein Flügelpaar besitzt und keine zwei, wie die meisten anderen geflügelten Insekten?
- ✗ Gib einen Klecks Marmelade in die Lupendose und beobachte, wie die Fliege daran saugt.

Spezial:

Wer fängt eine Stubenfliege lebend mit der bloßen Hand? Das ist gar nicht so einfach, denn die Fliege nimmt jede kleinste Bewegung sofort wahr.

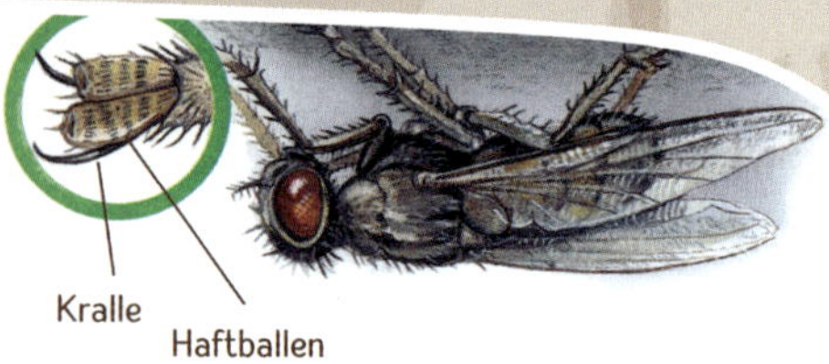

Eine Stubenfliege an der Zimmerdecke

Das habe ich beobachtet:

Steckbrief

Länge: bis zu 1 cm

Auffällig: dunkelgraue Fliege mit großen schwarzen oder roten Augen, zwei Flügel

Nahrung: süße, flüssige Nahrung

Aha! Fliegen haben keine Zunge, mit der sie schmecken können – stattdessen schmecken sie mit ihren Füßen. Bevor sie nämlich süße Speisen mit ihren Tupfrüsseln aufsaugen, tauchen sie erst einmal einen Fuß in die Nahrung und prüfen, ob es schmeckt.

Entdeckt ...

- ☐ im Haus
- ☐ draußen
- ☐ auf dem Boden
- ☐ in der Luft
- ☐ auf einem Blatt
- ☐ auf einer Blüte
- ☐ auf Stängel/Rinde
- ☐ im Gebüsch

Tupfrüssel der Fliege

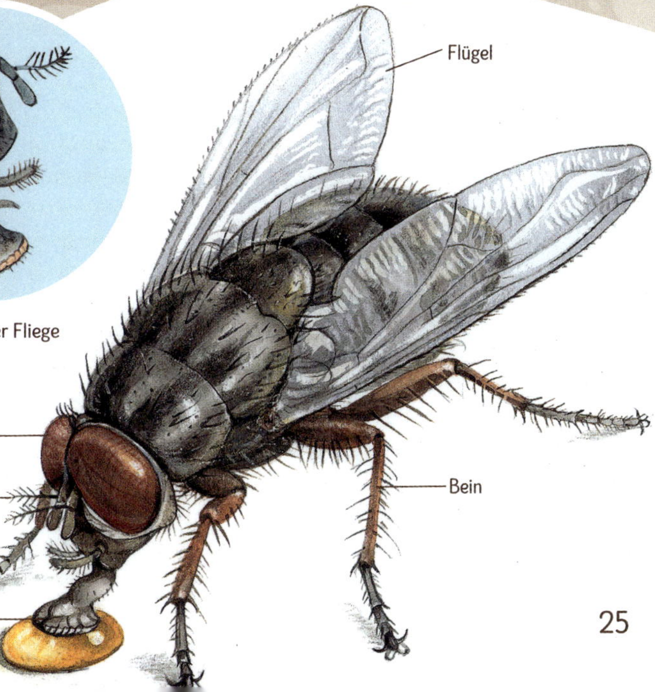

Marienkäfer

Gefräßiger Jäger

Keine Frage: Marienkäfer stehen auf Platz 1 der Insekten-Hitparade – und das ungeschlagen seit Jahrzehnten! Die schwarzen Punkte auf rotem Untergrund sehen einfach sympathisch aus – für Tiere hingegen nicht. Schwarz-rot bedeutet für sie, dass der Käfer eklig schmeckt. Fühlt sich der Marienkäfer bedroht, presst er zudem eine stinkende, gelbe Flüssigkeit aus seinen Knien. Ameisen fliehen dann sofort, Vögel fressen den Käfer trotzdem.

Marienkäfer und seine blaugrauen, gelbgetupften Larven sind eifrige Blattlausjäger. Ein einziger Käfer vertilgt am Tag bis zu 150 Blattläuse, eine Larve frisst rund 600 Läuse, bis sie sich nach 3–6 Wochen verpuppt und zum Käfer entwickelt. Damit die Larven nicht nach Futter suchen müssen, legen die Weibchen ihre Eier mitten in die Blattlauskolonien.

Marienkäfer ruhen den Winter über mit vielen Artgenossen in einem geschützten Versteck, manchmal auch im Haus. Findest du einen Käfer im Haus, so bringe ihn ins Freie – im Winter kannst du ihn draußen noch mit Laub bedecken.

Bei uns leben über 70 verschiedene Marienkäferarten. Sie unterscheiden sich nicht nur durch ihre Größe, sondern vor allem durch ihre Färbung (schwarz-rot, rot-schwarz, gelb-schwarz und schwarz-gelb) sowie die Anzahl der Punkte. Der Zweipunkt trägt zwei schwarze Punkte auf roten Flügeldecken oder zwei rote Punkte auf schwarzen Flügeldecken. Der häufige Siebenpunkt besitzt sieben schwarze Punkte auf roten Flügeldecken, der 22-Punkt 22 schwarze Flecken auf gelben Flügeldecken und der 13-Punkt 13 schwarze Punkte auf roten Flügeln.

Beobachtungsideen:

- ✗ Beobachte, wie ein Marienkäfer zum Fliegen startet: Er klappt zuerst die harten Deckflügel zur Seite, dann entfaltet er die weichen Hinterflügel – und schon geht's los.
- ✗ Zähle die Punkte – so findest du leicht heraus, welche Marienkäferart es ist.
- ✗ Entdeckst du die Augen am kleinen Kopf?
- ✗ Schau dir auch eine Larve mit der Lupe an.

Spezial:

Setze einen Marienkäfer auf einen Pflanzenstängel oder ein Blatt, auf dem ganz viele Blattläuse sind. Nun kannst du den Käfer bei der Jagd beobachten – sofern er gerade hungrig ist.

Das habe ich beobachtet:

Steckbrief

Länge: bis zu 8 mm

Auffällig: rund, rot mit schwarzen Tupfen, schwarz mit roten oder gelben Tupfen, gelb mit schwarzen Tupfen

Nahrung: Blattläuse

Aha! Zu den häufigsten Marienkäfer bei uns gehört der Siebenpunkt, den du an den sieben schwarzen Punkten auf den roten Flügeldecken erkennst. Andere Marienkäfer haben mehr oder weniger Punkte. An der Anzahl der Punkte kannst du die Art erkennen, nicht wie alt der Käfer ist.

Entdeckt ...

- ☐ im Haus
- ☐ draußen
- ☐ auf dem Boden
- ☐ in der Luft
- ☐ auf einem Blatt
- ☐ auf einer Blüte
- ☐ auf Stängel/Rinde
- ☐ im Gebüsch

Schmetterling

Mit vier Augen: Tagpfauenauge

Da bei uns überall viele Brennnesseln wachsen, gibt es auch viele Tagpfauenaugen. Die schwarzen, dornig behaarten Raupen dieses Schmetterlings fressen nämlich ausschließlich die Blätter dieser Pflanze. Die giftigen Brennhaare machen ihnen nichts aus. Du solltest die Raupen aber nicht anfassen. Fang sie nicht mit der bloßen Hand, sondern vorsichtig mit der Becherlupe.

Tagpfauenaugenraupen sind gesellig: Oft kannst du über 100 Raupen in dem dichten, selbst gesponnenen Gespinst zählen, mit dem sie die Brennnesseln überziehen. In diesem Gespinst bleiben die Raupen Tag und Nacht zusammen, bis sie groß genug sind. Dann verpuppen sie sich zu fertigen Faltern.

Mit den hübschen Augenzeichnungen auf seinen Flügeln wehrt das Tagpfauenauge Vögel und andere Tiere ab, die es fressen wollen. Fühlt sich der Falter bedroht, klappt er plötzlich mit einem zischenden Geräusch die geschlossenen Flügel auseinander. Dann werden die vier Augen sichtbar und jeder Fressfeind erschrickt: Wer solch große Augen hat, muss ein großes Tier sein!

Beobachtungsideen:

- ✗ Schau dir die Flügel mit der Lupe an. Erkennst du die feinen Schuppen, die wie Dachziegel übereinanderliegen?
- ✗ Beobachte, wie ein Tagpfauenauge seinen langen Saugrüssel zum Nektarsaugen entrollt und danach wieder einrollt.
- ✗ Wie hält ein Tagpfauenauge seine Flügel, wenn es an einem Stängel ruht? Und wie, wenn es auf einer Blüte sitzt?
- ✗ Betrachte auch die Raupe. Erkennst du die kräftigen Mundwerkzeuge?

Achtung!

Bitte fange keinen Schmetterling mit der Becherlupe und setze auch keinen hinein. Du willst ja nicht seine Flügel verletzen. Betrachte einen Schmetterling, der auf einer Blüte sitzt, stets nur mit dem Lupendeckel.

Spezial:

Setze ein paar Raupen in ein Miniterrarium auf deiner Terrasse oder deinem Balkon und füttere sie täglich mit frischen Brennnesselblättern. So kannst du beobachten, wie sich die Raupen zu Tagpfauenaugen entwickeln. Lass sie sofort frei!

Das habe ich beobachtet:

Steckbrief

Länge: bis zu 3 cm

Auffällig: vier rotbraune, mit je einem blau-schwarz-gelben Augenfleck gezeichnete Flügel

Nahrung: Blütennektar

Aha! Fass keinen Schmetterling an den Flügeln an. Die feinen Schuppen, die den Flügel bedecken, fallen bei jeder Berührung wie bunter Staub ab. Dann kann der Schmetterling nicht mehr so gut fliegen.

Entdeckt ...

- ☐ im Haus
- ☐ draußen
- ☐ auf dem Boden
- ☐ in der Luft
- ☐ auf einem Blatt
- ☐ auf einer Blüte
- ☐ auf Stängel/Rinde
- ☐ im Gebüsch

Blattlaus

Süße Saftsauger

Blattläuse gibt es bei uns in über 800 verschiedenen Arten. Die meisten Blattlausarten kommen nur auf jeweils ganz bestimmten Pflanzen vor - so etwa die rosa-grünen Rosenblattläuse nur auf Rosen. Aber egal, ob sie grün, braun oder schwarz sind – sie alle stechen Stängel und Blätter an, um den Pflanzensaft zu saugen. Weil in diesem Saft viel mehr Zucker enthalten ist als die Blattläuse zum Leben brauchen, scheiden sie klebrig-süßen Kot aus. Von diesem Honigtau ernähren sich Ameisen und andere Tiere gern. Bienen machen Tannenhonig daraus. Sie saugen so viel Pflanzensaft, weil sie auch die darin enthaltenen Eiweiße benötigen.

Beobachtungsideen:

- ✗ Schau dir eine Kolonie Blattläuse mit der Lupe an. Erkennst du, dass es kleine und große Läuse gibt?
- ✗ Siehst du den starren Saugrüssel?
- ✗ Zähle die Beine. Es sind sechs, denn Blattläuse sind Insekten.
- ✗ Beobachte auch, ob sich Blattlausfeinde wie Marienkäfer oder die Larven von Marienkäfern, Schwebfliegen oder Florfliegen eingefunden haben. Kannst du Eigelege entdecken?

Spezial:

Stelle einen Zweig mit Blattläusen in ein Wasserglas und zähle die Läuse immer wieder an aufeinanderfolgenden Tagen. Es werden immer mehr, denn Blattläuse gebären auch lebendige Nachkommen. Vielleicht hast du ja Glück und kannst das einmal beobachten.

Das habe ich beobachtet:

Steckbrief

Länge: bis zu 4 mm

Auffällig: tropfenförmiger, grüner, schwarzer oder brauner Körper

Nahrung: Pflanzensaft

Aha! In manchen Zeiten treten auch geflügelte Blattläuse in den Kolonien auf. Sie sind mobil und können andere Pflanzen erobern.

YEP!

Entdeckt ...

- ☐ im Haus
- ☐ draußen
- ☐ auf dem Boden
- ☐ in der Luft
- ☐ auf einem Blatt
- ☐ auf einer Blüte
- ☐ auf Stängel/Rinde
- ☐ im Gebüsch

Mit der Becherlupe im Wald

Beobachtungen im Wald

In unseren Wäldern leben viele Pflanzen und Tiere. Die Waldbäume und Waldpflanzen bilden mehrere Etagen, so wie in einem mehrstöckigen Gebäude. In allen Etagen – am Waldboden, auf niedrigen Pflanzen, im Gebüsch und an den Baumstämmen – findest du kleine Krabbeltiere, die du mit deiner Becherlupe erkunden kannst.

Am Waldboden zwischen herabgefallenem Laub, Moospolstern, Gräsern, Kräutern und Blumen wimmelt es nur so von kleinen sechs-, acht- und mehrbeinigen Lebewesen: Saftkugler, Wolfspinnen, Schnurfüßer, Steinläufer, Mistkäfer und Rote Waldameisen sind dort unterwegs, auch Schnecken. Um sie zu entdecken, musst du in die Hocke gehen oder dich auf den Waldboden setzen.

Breite ein weißes Tuch aus und gib darauf zwei Hand voll Falllaub. Käfer, Asseln, Spinnen, Hundert- und Tausendfüßer entdeckst du gleich, denn sie krabbeln auf der Suche nach einem dunklen Versteck eilig über das Tuch. Langsamere Tiere, wie Schnecken oder Insektenlarven, findest du, wenn du vorsichtig mit deinen Fingern das Laub auseinander schiebst. Setze die verschiedenen Tiere stets einzeln in deine Becherlupe und schau sie dir vergrößert an. Erkunde, ob in allen Jahreszeiten dieselben Tiere in der Laubstreu leben.

Unter den Nadelbäumen sammeln sich herabgefallene Nadeln und bilden die Nadelstreu. Untersuche, ob Tiere darin leben. Sei nicht enttäuscht, wenn du keine Tiere findest. Stattdessen sind die Nadeln von dichtem Pilzgeflecht umwoben, das modrig nach Pilzen riecht. Die Löcher in den Nadeln stammen von Milben, die sich darin einbohren. Betrachte die löchrigen Nadeln mit deiner Becherlupe – kannst du Milben sehen?

Spezial:

In den Ritzen und Spalten eines Baumstumpfes leben viele kleine Tiere. Zum Beobachten schiebst du sie vorsichtig mit einem Pinsel in deinen Becher. Nach dem Betrachten lässt du sie sofort wieder frei!

Waldblumen

Im Frühjahr ist der Waldboden ein blühender Teppich. Solange die Laubbäume noch keine Blätter tragen, bekommen die Blumen genügend Licht zum Aufblühen. Hast du Lust auf eine Erkundungstour der besonderen Art? Dann versuche bei einer Frühjahrs-Wald-Erkundungstour 20 verschiedene Blüten zu finden. Du schaust dir natürlich die einzelnen Blüten vergrößert mit der Lupe an. Zeichne die Blüten und finde ihre Namen mithilfe eines Blumenbestimmungsbuchs heraus.

Pack die Becherlupe aus!

In Robin Hoods Reich gibt es wirklich viel zu entdecken: Nicht nur am Waldboden, auch auf den Waldwegen, auf den Blättern und Zweigen der Gebüsche und Pflanzen am Wegesrand, auf den Baumstämmen und unter der morschen Rinde gefällter Bäume wimmelt es nur so von kleinen Tieren. Auch Vogelfedern, Schneckengehäuse, Tierknochen, Steine, Blätter, Früchte, Blüten und Pilze laden dich ein – alles, was du im Wald findest und klein genug ist, kannst du mit der Becherlupe erforschen. Fang die Tiere vorsichtig mit der Becherlupe ein, beobachte sie an einem schattigen Plätzchen und lass sie anschließend gleich wieder frei.

Das habe ich im Wald entdeckt:

- ☐ **Vogelfedern**
- ☐ **Blätter:** ☐ grün ☐ farbig im Herbst ☐ angeknabbert oder mit Fraßlöcher
- ☐ **Blüten**
- ☐ **Früchte**
- ☐ **Rindenstücke**
- ☐ **Pilze**
- ☐ **Steine**
- ☐ ____________________
- ☐ ____________________
- ☐ ____________________
- ☐ ____________________

Vorsicht!

Von Frühling bis zum Herbst sind im Wald die Zecken aktiv. Weil sie beim Blutsaugen gefährliche Krankheiten übertragen können, lasse deinen Körper nach jeder Forschungstour im Wald von deinen Eltern nach ihnen absuchen.

Das habe ich beobachtet:

Diese Waldtiere habe ich entdeckt:

- ☐ Waldschabe
- ☐ Laufkäfer
- ☐ Waldmistkäfer
- ☐ Maikäfer
- ☐ Borkenkäfer
- ☐ Rote Waldameise
- ☐ Schmetterling ☐ Raupe
- ☐ Nacktschnecke
- ☐ Gehäuseschnecke ☐ leeres Gehäuse
- ☐ Steinläufer (Vorsicht, kann beißen)
- ☐ Erdläufer (Vorsicht, kann beißen)
- ☐ Saftkugler
- ☐ Schnurfüßer (Tausendfüßer)
- ☐ Waldwolfspinne
- ☐ Weberknecht
- ☐ ______________________

Diese Tierspuren habe ich entdeckt:

- ☐ Blätter mit Gallen
- ☐ Blätter mit Fraßspuren
- ☐ Pilze mit Fraßspuren
- ☐ Zapfen, abgeknabbert

Nacktschnecke

Lebt fast überall

Nacktschnecken gibt es häufig. An trockenen Tagen verstecken sie sich an feuchten, dunklen Plätzen – wenn es geregnet hat, tauchen sie plötzlich überall auf und krabbeln auf den Wegen. Langsam, aber stetig gleiten sie dabei auf ihrer feuchten Fußsohle entlang.

Eine Nacktschnecke anzufassen, ist nicht besonders angenehm. Denn ihr Körper ist von einem zähen Schleim umgeben. Den mögen auch viele Tiere nicht, daher haben Nacktschnecken nur wenige Feinde. Besonders nach frostarmen Wintern und in feuchtwarmen Sommern können sie sich gut vermehren und kommen dann an manchen Orten in Massen vor. In Gärten sind sie oft sehr lästig, weil sie Salat und andere Pflanzen kahl fressen können.

Die Wegschnecke ist eine häufige heimische Art. Sie wird höchstens drei Jahre alt. Von Sommer bis Herbst paaren sich die Tiere. Sie legen kleine, kugelige Eier in den Erdboden und sterben bald darauf. Aus den weißen Eiern schlüpfen kleine Minischnecken, die immer hungrig sind. Denn schon im nächsten oder übernächsten Sommer haben sie ihre endgültige Körpergröße erreicht, paaren sich und sterben. Das ist der Lebenskreislauf einer Wegschnecke.

Beobachtungsideen:

- ✗ Siehst du auf dem Rücken den ovalen Bereich, auf dem die Haut wie gekörnt erscheint? Dort befindet sich bei den Gehäuseschnecken das Häuschen.
- ✗ Beobachte die runde Öffnung an der Seite, die sich öffnet und schließt. Das ist das Atemloch.
- ✗ Was passiert, wenn du die Nacktschnecke sanft mit dem Finger berührst?
- ✗ Auf welchen Fühlern entdeckst du kleine schwarze Punktaugen – auf den langen oder den kurzen?
- ✗ Siehst du die Mundöffnung? Dahinter befindet sich eine Raspelzunge, die Radula - mit der raspelt die Schnecke ihre Nahrung ab.

Spezial:

Lass eine Nacktschnecke auf einer glatten Unterlage kriechen. Selbst, wenn du die Unterlage auf die Seite drehst oder gar auf den Kopf stellst, macht das der Schnecke nichts aus. Sicher bewegt sie sich weiter.

Das habe ich beobachtet:

Steckbrief

Länge: bis zu 20 cm

Auffällig: langer Körper, der schwarz, braun oder orangerot gefärbt ist

Nahrung: Blätter, junge Triebe, Früchte, Kot, Abfälle und tote Tiere

Aha! Nacktschnecken sind wie alle Schnecken Zwitter, d.h. sie sind zugleich Männchen und Weibchen. Bei der Paarung begatten sich die beiden Partner wechselseitig und beide legen dann auch Eier ab. Fühlt sich eine Nacktschnecke bedroht, zieht sie ihren Körper zusammen.

YEP!

Entdeckt ...

- ☐ im Wald
- ☐ am Waldrand
- ☐ auf einer Lichtung
- ☐ auf dem Boden
- ☐ in der Luft
- ☐ auf Stängel/Rinde
- ☐ auf einem Blatt
- ☐ auf einer Blüte
- ☐ im Gebüsch

Wolfspinne

Flinker Jäger

Fast wie ein Wolf geht die Wolfspinne am Waldboden auf die Jagd: Sie schleicht sich vorsichtig an ein Beutetier heran und packt es dann mit einem gezielten Sprung. Wolfspinnen bauen keine Netze, sondern ziehen als freie Jäger umher. Mit ihren zahlreichen Augen erspähen sie tagsüber kleine Insekten und andere Beute.

Im Sommer und Herbst wuselt es im Bodenlaub, an sonnigen Waldrändern und Lichtungen dann förmlich von diesen Spinnen, die für dich harmlos sind. Wenn du ganz still bist, kannst du sie sogar im Laub rascheln hören.

Die weiblichen Wolfspinnen sind gute Mütter. Im Sommer spinnen sie ihre Eier in einen weißen, runden Kokon ein, den sie am Hinterleib mit sich herumtragen. Dieser Eikokon ist sogar größer als der Hinterleib der Spinne. Die jungen Spinnen, die – je nach Wetterlage – nach zwei bis drei Wochen schlüpfen, bleiben in der ersten Lebenswoche bei der Mutter. Dann sitzen sie zu vielen übereinander auf dem Rücken oder klettern dort herum. Damit die jungen Spinnen nicht in Gefahr geraten, geht die Wolfspinne in dieser Zeit nicht auf die Jagd.

Beobachtungsideen:

- ✗ Wie viele Beine besitzt sie? Es müssen acht sein, so wie bei allen Spinnen.
- ✗ Erkennst du die dunklen Augen? Wie viele zählst du?
- ✗ Schau dir genau an, wo das Spinnenweibchen den Eikokon trägt. Dort befinden sich die kleinen Spinnwarzen.
- ✗ Beobachte, wie eine Wolfspinne ein Beutetier überwältigt.

Spezial:

Setze eine Wolfspinne vorsichtig in eine Schachtel, in die du zuvor eine Hand voll Bodenlaub und ein paar Steine gegeben hast. Wenn sich zwischen dem Laub ein paar kleine Beutetiere befinden, kannst du die Spinne bei der Jagd beobachten.

Das habe ich beobachtet:

Steckbrief

Länge: bis zu 1 cm

Auffällig: dunkelbrauner Körper mit langen, kräftigen Beinen

Nahrung: kleine Insekten, Spinnen und andere Bodentiere

Aha! Wolfspinnen können hervorragend gleichzeitig in alle Richtungen sehen. Kein Beutetier, das näher als 40 cm ist, ist vor ihnen sicher.

Entdeckt …

- ☐ im Wald
- ☐ am Waldrand
- ☐ auf einer Lichtung
- ☐ auf dem Boden
- ☐ in der Luft
- ☐ auf Stängel/Rinde
- ☐ auf einem Blatt
- ☐ auf einer Blüte
- ☐ im Gebüsch

Die Wolfspinne trägt ihre Jungspinnen auf dem Hinterleib.

Bildquelle: Walter Müller

Tausendfüßer

Auf vielen Beinen unterwegs

Tausendfüßer leben im Verborgenen. Sie suchen im Falllaub und unter der Rinde morscher Baumstümpfe nach Nahrung. Manchmal kannst du sie auch entdecken, wenn du einen Stein hochhebst. Aufgescheuchte Tausendfüßer eilen ganz schnell in ein dunkles Versteck.

Fühlt sich ein Tausendfüßer bedroht, so rollt er sich zu einer flachen Spirale zusammen. Dadurch sind der weiche Bauch und die zarten Beine besser geschützt. Er kann sich aber auch wehren: Um Feinde abzuschrecken, verspritzt er eine stinkende Flüssigkeit, die für kleine Tiere giftig ist. Darum: Fasse besser keinen Tausendfüßer an.

Im Sommer legt das Weibchen bis zu 200 Eier in eine Erdhöhle. Bald schlüpfen kleine Tausendfüßer aus den Eiern, die nur aus sieben Körperringen mit insgesamt sechs Beinen bestehen. Wie alle Gliederfüßer (zu dieser Tiergruppe gehören neben den Tausend- und Hundertfüßern auch die Insekten, Krebse und Spinnen) müssen sich auch Tausendfüßer häuten, um zu wachsen. Bei jeder Häutung wird der Tausendfüßer größer, denn es kommt stets ein Körperring mit zwei Beinpaaren hinzu. Übrigens wächst ein Tausendfüßer solange, bis er stirbt.

Beobachtungsideen:

- ✗ Wo ist beim Tausendfüßer vorne? Wo ist hinten?
- ✗ Wie viele Beinpaare gibt es pro Körpersegment?
- ✗ Wie verhält sich der Tausendfüßer, wenn du ihn sanft mit dem Finger anstupst?
- ✗ Wie fühlt sich sein drehrunder Körper an – feucht oder trocken?

Spezial:

Lass einen Tausendfüßer auf einem weißen Blatt Papier laufen. Du beobachtest, dass sich seine Beine nicht im Gleichschritt bewegen, sondern wie eine von hinten nach vorne verlaufende Welle.

Das habe ich beobachtet:

Steckbrief

Länge: bis zu 5 cm

Auffällig: langer, glänzend schwarzer oder brauner, wurmförmiger Körper aus vielen Ringen und mit unzähligen, winzigen Beinchen

Nahrung: abgestorbene Pflanzenteile und Reste toter Tiere

Aha! In den tropischen Regenwäldern leben die größten Tausendfüßer, deren bis zu 30 cm lange Körper auf rund 600 Beinen unterwegs sind. Heimische Tausendfüßer hingegen bringen es auf höchstens 260 Beine. Kürzlich wurde in Australien der erste „echte" Tausendfüßer entdeckt: Trotz 10 cm Körperlänge besitzt er 1306 Beine!

YEP!

Entdeckt ...

- ☐ im Wald
- ☐ am Waldrand
- ☐ auf einer Lichtung
- ☐ auf dem Boden
- ☐ in der Luft
- ☐ auf Stängel/Rinde
- ☐ auf einem Blatt
- ☐ auf einer Blüte
- ☐ im Gebüsch

Bildquelle: Walter Müller

Hundertfüßer

Gefräßige Räuber

Bei uns leben verschiedene Hundertfüßer. Unter Baumrinde oder Steinen kannst du den **Steinläufer** entdecken, dessen Körper aus 15 deutlich sichtbaren Segmenten besteht. Der **Erdläufer** bevorzugt den Erdboden als Lebensraum, verbirgt sich aber auch unter Steinen.

Tagsüber verstecken sich alle Hundertfüßer in Erdlöchern oder Rindenspalten, erst bei Anbruch der Dunkelheit werden sie aktiv. Dann verlassen sie ihren Unterschlupf und gehen auf die Jagd. Mit den langen Fühlern tasten sie alles ab, was sich in Reichweite befindet. Berühren sie ein Beutetier, beißen sie sofort mit ihren gewaltigen Giftklauen zu: Das Gift wirkt blitzschnell und macht das Opfer sofort bewegungsunfähig. Nun zerkleinert es der Hundertfüßer mit seinen Mundwerkzeugen und frisst es auf.

Der Steinläufer wehrt feindliche Spinnen oder Ameisen mit seinen überlangen Hinterbeinen ab. Anders der Erdläufer: Fühlt er sich bedroht, rollt er seine Bauchseite nach außen und schießt aus zahlreichen Drüsenöffnungen ein stinkendes, giftiges Sekret ab. Spinnen, Vögel, Igel und andere Kleintierjäger mögen das gar nicht.

Beobachtungsideen:

- ✗ Schau dir die langen, schnurförmigen Fühler am Kopf genau an.
- ✗ Erkennst du die kleinen punktförmigen Augen auf dem Kopf?
- ✗ Betrachte einen Hundertfüßer in deiner Becherlupe von unten. Entdeckst du die beiden kräftigen Giftklauen?
- ✗ Siehst du, dass das letzte Beinpaar des Steinläufers länger ist als die anderen?

Erdläufer

Spezial:

Fange vorsichtig einen Hundertfüßer mit deiner Becherlupe und setze ihn in eine Schachtel, in der sich ein kleiner Regenwurm oder ein anderes Beutetier befindet. Nun kannst du beobachten, wie der Räuber seine Beute spiralig umschlingt. Lass den Hundertfüßer dann draußen wieder frei.

Das habe ich beobachtet:

Steckbrief

Länge: bis zu 4 cm

Auffällig: flacher, brauner bis rotbrauner Körper aus vielen Segmenten mit bis zu 60 Beinpaaren

Nahrung: Regenwürmer, Asseln, kleine Schnecken, Insekten und andere Bodentiere

Aha! Achtung: Hundertfüßer können beißen – und ihre Bisse tun weh! Sie besitzen nämlich Giftklauen am Kopf, mit denen sie ihre Beute töten. In den Ländern rund ums Mittelmeer lebt der verwandte, bis zu 10 cm lange Gürtelskolopender. Sein Biss ist so schmerzhaft wie der Stich einer Wespe.

Vorsicht!

Nicht anfassen – kann beißen!

Entdeckt ...

- ☐ im Wald
- ☐ am Waldrand
- ☐ auf einer Lichtung
- ☐ auf dem Boden
- ☐ in der Luft
- ☐ auf Stängel/Rinde
- ☐ auf einem Blatt
- ☐ auf einer Blüte
- ☐ im Gebüsch

Steinläufer

Bildquelle: Walter Müller

Gallen Merkwürdige Gebilde auf Blättern

Im Sommer und Herbst kannst du auf manchen Blättern merkwürdige Gebilde sehen: Auf Buchenblättern wachsen spitze Zwiebeltürmchen und auf Eichenblättern prangen kirschgroße Kugeln, die zuerst grün, dann rot sind. Du findest Ahornblätter mit langen, dünnen „Würstchen" oder solche, die wie ein dichtes filziges Knäuel ausschauen. In diesen Gallen wachsen Insektenbabys heran!

Verschiedene Gallmücken und Gallwespen legen ihre Eier in die Blätter der Pflanzen. Die Pflanze wächst dann auf typische Weise um die geschlüpfte Larve herum und bildet so ein Häuschen – das ist die Galle. Öffnest du eine solche Galle im Sommer, so findest du darin eine kleine Larve. Sie ernährt sich von dem Inneren ihres Häuschens und schlüpft, wenn sie fertig entwickelt ist – spätestens dann, wenn im Herbst die Pflanzen ihre Blätter abwerfen. Leere Gallen erkennst du an dem kleinen Loch, durch das die Gallmücke oder Gallwespe ihr Larvenzuhause verlassen hat.

Beobachtungsideen:

- ✗ Sammle verschiedene Gallen. Erkennst du, dass gleiche Gallen immer nur auf den Blättern derselben Pflanzen vorkommen?
- ✗ Besonders fündig wirst du an Eichen, Buchen, Rosen und Ahorn, denn die meisten Gallwespen und Gallmücken legen ihre Eier auf diese Pflanzen.
- ✗ Schau dir eine geöffnete Galle mit der Lupe an. Entdeckst du die weißliche Larve?
- ✗ Stelle einen kleinen Zweig mit Blättern, an denen sich Gallen befinden, in ein Wasserglas. Vielleicht kannst du ja beobachten, wie die Larven schlüpfen.

Spezial:

Aus den runden Gallen der Eichenblätter kannst du Tinte machen. Sammle im späten Herbst und Winter Eichenblätter mit Gallen, die ein kleines Loch aufweisen. Gib die Gallen in ein Glas mit Wasser und lege einen Eisennagel dazu. Nach ein paar Wochen ist das Wasser grau. Nun musst du es nur noch einkochen lassen – fertig ist die dunkle Eichengallentinte.

Das habe ich beobachtet:

Steckbrief

Gallmücken und Gallwespen

Länge: höchstens 4 mm

Auffällig: kleine unauffällige, geflügelte Insekten

Aha! Es gibt auch Gallläuse. Sie saugen an den Nadeln von Fichten und erzeugen merkwürdige, ananasähnliche Wucherungen, die so groß wie eine Pflaume sind. In diesen Gebilden wachsen keine Larven heran.

YEP!

Entdeckt ...

- ☐ im Wald
- ☐ am Waldrand
- ☐ auf einer Lichtung
- ☐ auf dem Boden
- ☐ in der Luft
- ☐ auf Stängel/Rinde
- ☐ auf einem Blatt
- ☐ auf einer Blüte
- ☐ im Gebüsch

Mistkäfer

Mögen Kot sehr gern

Von Frühjahr bis Herbst kannst du auf den Waldwegen viele Mistkäfer entdecken. Da sie sich von Tierkot ernähren und viele Hunde ihr Geschäft am Wegesrand hinterlassen, weißt du nun, warum sie sich dort so häufig aufhalten.

Mistkäfer können gut riechen. Sobald sie bei ihren niedrigen Suchflügen im Wald den Geruch von Hundekot wahrnehmen, fliegen sie pärchenweise herbei. Mistkäfer leben nämlich von Frühjahr bis Sommer stets als Paar. Gemeinsam buddeln die beiden unweit des Kothaufens einen schrägen Stollen ins Erdreich, von dem zahlreiche Seitengänge abzweigen. Jeden Seitengang stopfen die Käfer mit Kot voll und das Weibchen legt ein Ei darauf. Wenn die Larven schlüpfen, fangen sie sofort zu fressen an. Erst im nächsten Sommer entwickeln sich die Larven zu den fertigen Käfern.

Auf manchen Mistkäfern sitzen kleine orangerote Käfermilben. Sie benutzen den Käfer als Taxi und lassen sich von ihm zu frischen Dunghaufen transportieren.

Beobachtungsideen:

- ✗ Schau dir die verbreiterten Vorderbeine mit den großen Zacken an, mit denen die Käfer im Erdreich graben.
- ✗ Siehst du, dass die Fühlerenden verzweigt sind? Die Käfer können diese einzelnen blattartigen Glieder fächerförmig abspreizen.
- ✗ Halte nach den Käfermilben Ausschau.
- ✗ Hast du schon einmal einen fliegenden Mistkäfer gesehen? Achte einmal darauf.

Spezial:

Wenn du einen Mistkäfer vorsichtig zwischen deinen Fingern hältst, hörst du leise zirpende Töne. Die Käfer können diese Töne erzeugen, wenn sie ihr Hinterteil auf und ab bewegen und es an den harten Chitinleisten der Flügeldecken reiben.

Das habe ich beobachtet:

Steckbrief

Länge: bis zu 2 cm

Auffällig: schwarzer Körper mit metallisch glänzender Bauchseite

Nahrung: Kot, Tierleichen, faulende Pilze

Aha! Auf altägyptischen Amuletten findest du häufig einen Skarabäus, der damals als göttlich verehrt wurde. Dieser Käfer, ein naher Verwandter des Mistkäfers, lebt noch heute in Ägypten und wird auch Heiliger Pillendreher genannt, weil er aus Dung Kugeln für seinen Nachwuchs dreht.

YEP!

Entdeckt ...

- ☐ im Wald
- ☐ am Waldrand
- ☐ auf einer Lichtung
- ☐ auf dem Boden
- ☐ in der Luft
- ☐ auf Stängel/Rinde
- ☐ auf einem Blatt
- ☐ auf einer Blüte
- ☐ im Gebüsch

Rotes Ordensband

Gut getarnt

Abends, wenn es dämmert und die Tagfalter schon längst einen geschützten Ruheplatz aufgesucht haben, werden die **Nachtfalter** aktiv. In Wäldern und im Gebüsch, manchmal auch im Garten, kannst du dann das Rote Ordensband beobachten. Wie die meisten Nachtfalter so besitzt auch dieser Schmetterling auffallend lange Fühler, mit denen er hervorragend riechen kann und seine Nahrung, wie zum Beispiel überreife Früchte, erschnüffelt. Auch zur Paarungszeit finden männliche und weibliche Falter sich dank ihres feinen Geruchssinns.

Tagsüber ruht dieser Nachtfalter gern mit geschlossenen Flügeln auf der Rinde von Bäumen. Dort kannst du ihn kaum entdecken, weil er durch seine rindenähnlich gemusterten Flügel perfekt getarnt ist. Manchmal sitzt das Rote Ordensband auch tagsüber auf einer Hauswand. Fühlt sich der Falter bedroht, spreizt er seine Flügel auseinander. Dann blitzt unvermittelt das grelle Rot der Hinterflügel auf und überrascht manchen Fressfeind. Diesen Augenblick nutzt der Falter zur Flucht.

Beobachtungsideen:

- ✗ Schau dir die langen Fühler an. Erkennst du die winzigen Härchen, mit denen sie besetzt sind?
- ✗ Siehst du die großen Augen?
- ✗ Entdeckst du einen ruhenden Falter, so fächele mit der Hand etwas Luft über ihn. Wie reagiert er?

Achtung!

Bitte setze keinen Schmetterling in deine Becherlupe. Betrachte ihn nur mit der Lupe im Deckel deiner Becherlupe.

Spezial:

Die graubraunen, seitlich behaarten Raupen leben auf verschiedenen Weiden- und Pappelbäumen. Suche im Frühsommer nach ihnen.

Das habe ich beobachtet:

Steckbrief

Länge: bis zu 4 cm

Auffällig: graubraune Vorderflügel, rote Hinterflügel mit zwei gezackten schwarzen Linien und weißem Rand

Nahrung: Saft überreifer Früchte

Aha! Das Rote Ordensband kann hervorragend hören. Schon 30 m entfernte Echoortungsrufe der Insekten jagenden Fledermäuse hört er – dann lässt er sich sofort nach unten fallen oder ändert abrupt seinen Flugkurs. So entkommt mancher Schmetterling den Jagdflügen der Fledermäuse.

YEP!

Entdeckt ...

- ☐ im Wald
- ☐ am Waldrand
- ☐ auf einer Lichtung
- ☐ auf dem Boden
- ☐ in der Luft
- ☐ auf Stängel/Rinde
- ☐ auf einem Blatt
- ☐ auf einer Blüte
- ☐ im Gebüsch

Rote Waldameise

Riesenvolk

Die Rote Waldameise, eine der größten heimischen Ameisenarten, lebt in einer großen Burg aus Nadeln, Rindenstückchen und Ästen. Das bis zu 1 m hohe Nest reicht genauso tief in den Erdboden hinein.
Je nach Wetter halten sich die Tiere mehr im oberirdischen Nestbereich oder mehr unter der Erde auf.

Wie alle Ameisen lebt auch die Rote Waldameise in einem Staat, der bis zu 500.000 Tiere umfasst. Es gibt einige Königinnen, die tief im Innern des Nestes ständig Eier legen und von den Arbeiterinnen versorgt werden. Fast alle Mitglieder eines Ameisenstaats sind Arbeiterinnen. Sie erledigen alle Aufgaben, die in solch einem Riesenstaat anfallen: die Brut versorgen, das Nest vergrößern und reparieren, Nahrung beschaffen, die Eingänge bewachen. An den Eingängen kontrollieren Wächterameisen jeden, der in das Nest möchte: Wer anders duftet als die Nestmitglieder darf nicht hinein und wird notfalls mit Gewalt vertrieben.

Im Sommer kannst du auch geflügelte Ameisen beobachten. Das sind die Weibchen und Männchen, die zum Hochzeitsflug starten. Nach der Paarung hoch oben in der Luft sterben die Männchen und die begatteten Weibchen werden zu Königinnen.

Beobachtungsideen:

- ✗ Betrachte die gewaltigen Mundwerkzeuge mit der Lupe. Damit können die Tiere kräftig zubeißen.
- ✗ Um sich zu verteidigen, verspritzen die Ameisen auch scharfe Ameisensäure. Dazu nehmen sie ihren Hinterleib zwischen die Beine und schießen nach vorne.
- ✗ Beobachte, dass die Ameise ständig mit ihren Fühlern die Umgebung betastet.
- ✗ Schau dir auch die geflügelten Tiere vergrößert an. Kannst du Männchen und Weibchen voneinander unterscheiden?

Spezial:

Vom Nest führen zahlreiche Straßen in die Umgebung. Dort herrscht tagsüber ein ständiges Kommen und Gehen. Du kannst beobachten, wie Baumaterial, Raupen und anderes Futter zum Nest geschleppt werden. Was passiert, wenn du ein Hindernis über die Ameisenstraße legst?

Das habe ich beobachtet:

Steckbrief

Länge: bis zu 1 cm

Auffällig: schwarzbraune, große Ameisen

Nahrung: Insekten und andere kleine Tiere, auch Honigtau von Läusen, Nektar und Pflanzensamen

Aha! Die Ameisenkönigin kann bis zu 20 Jahre alt werden. Damit sich aus einer Larve eine Königin entwickelt, wird sie in den ersten Lebenstagen mit ganz spezieller Nahrung gefüttert. Ohne dieses Futter würde aus der Larve eine Arbeiterin werden.

Entdeckt ...

- ☐ im Wald
- ☐ am Waldrand
- ☐ auf einer Lichtung
- ☐ auf dem Boden
- ☐ in der Luft
- ☐ auf Stängel/Rinde
- ☐ auf einem Blatt
- ☐ auf einer Blüte
- ☐ im Gebüsch

Rollassel

Rollt sich zusammen: Kugelassel

Im Fallaub oder unter vermoderndem Holz lebt die Kugelassel, die auch Rollassel genannt wird. Bei der geringsten Störung rollt sie sich wie ein Igel zu einer erbsengroßen Kugel zusammen. Dann schützt der feste Körperpanzer die weiche Bauchseite. Erst wenn die Gefahr vorbei ist, entrollt sie sich und eilt in einen Unterschlupf.

Auch Saftkugler können sich zu einer Kugel einrollen - deshalb kannst du sie leicht mit der Kugelassel verwechseln. Saftkugler sind aber keine Verwandte der Asseln, sondern gehören zu den Tausendfüßern. Bei uns gibt es mehrere Arten von Saftkuglern - sie sind ungefähr genauso groß wie Kugelasseln. An den Beinen kannst du beide voneinander unterscheiden: Kugelasseln haben nur 7 Beinpaare, Saftkugler 17 bis 19!

Beobachtungsideen:

- ✗ Aus wie vielen Segmenten besteht der dunkle Körperpanzer?
- ✗ Schaffst du es, dass eine Kugelassel in deiner Becherlupendose herumläuft? Schau sie dir von unten an. Wie viele Beine kannst du zählen?

Spezial:

Beobachte eine zusammengerollte Kugelassel ganz genau. Was passiert, bevor sie sich wieder entrollt: Streckt sie zuerst nur die Fühler heraus?

Bildquelle: Walter Müller

Das habe ich beobachtet:

Steckbrief

Länge: bis zu 2 cm

Auffällig: dunkler, stark gewölbter Körperpanzer aus vielen Segmenten

Nahrung: weiche und abgestorbene Pflanzenteile

Aha! Bei uns leben verschiedene Kugelasseln. Auch Saftkugler (die mit den Tausendfüßern verwandt sind) rollen sich zu einer Kugel zusammen, wenn sie sich bedroht fühlen.

YEP!

Entdeckt ...

- ☐ im Wald
- ☐ am Waldrand
- ☐ auf einer Lichtung
- ☐ auf dem Boden
- ☐ in der Luft
- ☐ auf Stängel/Rinde
- ☐ auf einem Blatt
- ☐ auf einer Blüte
- ☐ im Gebüsch

eingerollter Saftkugler

Bildquelle: Walter Müller

Mit der Becherlupe auf Feld und Wiese

Beobachtungen auf Feld und Wiese

Rund um die meisten Wohnorte liegen Wiesen, Äcker und Felder. Kulturland heißen diese Lebensräume, auf denen Feldfrüchte, Obst, Getreide und Futterpflanzen angebaut werden oder Rinder und andere Tiere weiden. In diesen offenen Landschaften fühlen sich viele Tiere wohl, sofern sie dort Unterschlupf und Nahrung finden.

Auf den Feldern entdeckst du meist keine Tiere, denn durch den Einsatz von Pflanzenschutzmitteln wie Herbiziden und Insektiziden haben sie dort keine Überlebenschancen. Auf Wiesen hingegen, auf den Pflanzen am Wegesrand und in den Heckenstreifen aus Wildsträuchern wie Schlehe, Weißdorn und Kornelkirsche sowie kleinen Bäumen wie dem Feldahorn wimmelt nur so das Leben. Dort musst du nach kleinen Krabbeltieren suchen, die du mit der Becherlupe genau erkunden kannst.

Spezial:

Breite eine Decke auf einer Wiese mit Blumen und Gräsern aus und beobachte die Tiere, die auf dem Wiesenboden, an den Stängeln und zwischen den Pflanzen, auf den Blättern und Blüten herumlaufen. Wenn du dir Zeit nimmst und etwas Geduld hast, kannst du so ganz viele Wiesentiere kennenlernen – und sie dir mit der Becherlupe vergrößert anschauen. Und wer krabbelt da über deine Decke? Besonders artenreich sind Bergwiesen, die sie nicht so intensiv genutzt werden.

Pack die Becherlupe aus!

Erkunde die schmalen Streifen mit Blumen und Gräsern an den Wegrändern und die Gebüsche. Im Frühjahr und Sommer findest du dort verschiedene Blüten, die in der Becherlupe hübsch anzusehen sind: Erkennst du den Griffel mit der Narbe und die Staubblätter?

Schau mit der Lupe zu, wenn eine Hummel eine Blüte bestäubt und der gelbe Blütenstaub auf der Narbe kleben bleibt. Hast du schon einmal blühende Gräser vergrößert angeschaut? Oder die verschiedenen Getreidesorten auf den Feldern, wie Weizen, Roggen, Gerste und Hafer?

Im Spätsommer und Herbst reifen die Samen und Früchte heran. Dann schließen sich die Schirmblüten der Gemeinen Möhre, die du überall am Wegesrand finden kannst, zu kleinen Vogelnestchen – schau sie dir vergrößert an!

Vorsicht!

Von Frühling bis Herbst sind auf den Wiesen die Zecken aktiv. Weil sie beim Blutsaugen gefährliche Krankheiten übertragen können, lasse deinen Körper nach jeder Forschungstour von deinen Eltern nach ihnen absuchen.

Das habe ich beobachtet:

Das habe ich auf Wiesen und am Wegesrand entdeckt:

- ☐ **Blüten**
- ☐ **Blätter:** ☐ mit Fraßspuren
- ☐ **Stängel mit Kuckucksspeichel**
- ☐ **Früchte**
- ☐ **Samen**
- ☐ **Steine**

Diese Wiesentiere habe ich entdeckt:

- ☐ **Weinbergschnecke:** ☐ lebend ☐ leeres Gehäuse
- ☐ **Schnirkelschnecke:** ☐ lebend ☐ leeres Gehäuse
- ☐ **Nacktschnecke:**
- ☐ **Krabbenspinne**
- ☐ **Baldachinspinne**
- ☐ **Heuschrecke**
- ☐ **Grille**
- ☐ **Zikade**
- ☐ **Schwebfliege**
- ☐ **Glühwürmchen:** ☐ fliegend (Männchen) ☐ im Gras (Weibchen)
- ☐ **Schmetterling:** ☐ Raupe ☐ Puppe
- ☐ **Weichkäfer**
- ☐ **Rosenkäfer**
- ☐ **Marienkäfer**
- ☐ **Laufkäfer**
- ☐ **Wespe**
- ☐ **Hornisse**
- ☐ **Hummel**
- ☐ **Honigbiene**
- ☐ **Wildbiene**
- ☐ **Ameise**

Weinbergschnecke

Die Größte der Gehäuseschnecken

Trotz ihres Namens kommt die Weinbergschnecke am häufigsten in Wäldern, Parks und verwilderten Gärten vor. Dort kannst du sie ab dem Frühjahr besonders morgens und abends auf Wegen und am Wegesrand entdecken. In den heißen Mittagsstunden zieht sie sich lieber an einen feuchten Ort zurück. Wenn du dann auf Schneckensuche gehst, wirst du vermutlich keine finden. Warte bis zum Abend.

Auch den Winter über ruht die Weinbergschnecke an einem geschützten Platz unter einer Wurzel oder in der Erde. Dann zieht sie sich ganz in das Gehäuse zurück und verschließt die Öffnung mit einem harten Kalkdeckel.

Am Kopf trägt die Weinbergschnecke zwei Paar Fühler. Die oberen sind lang und tragen auf jeder Spitze ein kleines Auge, das du an dem schwarzen Punkt erkennst. Damit kann die Schnecke zwar nur schwarzweiß sehen, nimmt aber jede Bewegung wahr. Fühlt sie sich bedroht, zieht sie sich rasch in ihr Gehäuse zurück. Die beiden unteren Fühler sind viel kürzer. Mit ihnen ertastet und erschnuppert die Schnecke das, was direkt vor ihrem Kopf liegt.

Beobachtungsideen:

- ✗ Erkennst du seitlich neben dem Gehäuse eine Öffnung, die sich rhythmisch öffnet und schließt? Das ist das Atemloch.
- ✗ Betrachte eine kriechende Schnecke von unten. Erkennst du das Wellenmuster auf der Fußsohle? Es entsteht, weil das Tier abwechselnd unterschiedliche Muskelbereiche anspannt.
- ✗ Miss einmal die Strecke, die eine Schnecke in einer Minute zurücklegt. Multiplizierst du diese Strecke mit 60, weißt du ihre Stundengeschwindigkeit.
- ✗ Schau dir auch ein leeres Gehäuse mit der Lupe an. Die feinen Streifen auf der Oberfläche sind Wachstumsstreifen so wie die Ringe beim Baum.

Spezial:

Zerreibe frisches Obst und bestreiche den Boden einer Glasschüssel mit dem Obstmus. Setze nun eine Weinberg- oder andere Gehäuseschnecke in die Schüssel. Von unten beobachtest du, wie die Schnecke das Obst mit ihrer Raspelzunge abreibt. Diese Raspelzunge ist wie eine Muskatreibe mit ganz vielen Hornzähnchen besetzt, die zu klein sind, um sie mit der Lupe zu sehen.

Das habe ich beobachtet:

Steckbrief

Höhe des Gehäuses: bis zu 5 cm

Auffällig: braun gestreiftes, kugeliges Schneckengehäuse, hellbrauner Körper

Nahrung: Blätter, Früchte, junge Pflanzenteile

Aha! Die Weinbergschnecke ist die größte landlebende Gehäuseschnecke Europas. Sie kann bis zu 30 Jahre alt werden. Besonders in Frankreich werden viele Weinbergschnecken gezüchtet, denn dort werden sie gern gegessen.

Entdeckt ...

- ☐ am Wegesrand
- ☐ auf einer Wiese
- ☐ auf dem Boden
- ☐ in der Luft
- ☐ auf Stängel/Rinde
- ☐ auf einem Blatt
- ☐ auf einer Blüte
- ☐ im Gebüsch

Krabbenspinne

Gut getarnt auf Blüten

Manch Schmetterling, der zum Nektarsaugen ahnungslos auf einer Blüte landet, hat Pech: Nämlich dann, wenn dort eine Krabbenspinne lauert. Diese Spinne ist bestens auf einer weißen oder gelben Blüte getarnt, denn sie kann ihre Körperfarbe von Weiß nach Gelb und wieder nach Weiß ändern. Selbst stechende Insekten wie Bienen oder solche, die wie Schmetterlinge viel größer als sie selbst sind, überwältigt die Krabbenspinne problemlos mit ihren langen Vorderbeinen und einem giftigen Biss.

Krabbenspinnen bauen keine Netze wie die Kreuzspinnen. Sie verharren regungslos und lauern so ihrer Beute auf. Bei uns gibt es auch grünlich gefärbte Krabbenspinnen, die du auf grünen Blättern entdecken kannst. Das bräunlich gefärbte Männchen ist bei allen Krabbenspinnen viel kleiner als das bunte Weibchen.

Die Krabbenspinne kam zu ihrem Namen, weil sie nicht nur vor- und rückwärts laufen kann, sondern wie Krabben auch seitwärts.

Beobachtungsideen:

- ✗ Aus wie vielen Teilen besteht ihr Körper? Wie viele Beine besitzt sie?
- ✗ Erkennst du die giftigen Kieferklauen, mit denen die Spinne ihre Beute tötet?
- ✗ Suche auf einer Blume nach einer Krabbenspinne. Das ist gar nicht so einfach, so gut ist sie getarnt.
- ✗ Beobachte, wie eine Krabbenspinne sich bewegt. Siehst du, wie sie seitwärts läuft?

Spezial:

Setze vorsichtig (und mithilfe der Becherlupendose) eine Krabbenspinne auf eine andersfarbige Blüte um. Beobachte, was passiert.

Das habe ich beobachtet:

Steckbrief

Länge: bis zu 1 cm

Auffällig: Weibchen mit gelbem oder weißem Körper und vier langen Vorder- sowie vier kürzeren Hinterbeinen

Nahrung: Insekten, meist Blütenbesucher wie Bienen und Schmetterlinge

Aha! Der Farbwechsel geht nicht in Sekundenschnelle vonstatten wie etwa bei einem Tintenfisch oder einem Chamäleon, sondern dauert ein paar Tage. Darum verbringen Krabbenspinnen stets längere Zeit auf einer gleichfarbigen Blüte.

Entdeckt ...

- ☐ am Wegesrand
- ☐ auf einer Wiese
- ☐ auf dem Boden
- ☐ in der Luft
- ☐ auf Stängel/Rinde
- ☐ auf einem Blatt
- ☐ auf einer Blüte
- ☐ im Gebüsch

Heuschrecke

Hoch- und Weitspringer

Läufst du im Sommer über eine Wiese mit Gräsern und Blumen, so hüpfen ständig grüne und braune Heuschrecken auf. Mit ihren langen Hinterbeinen können Heuschrecken sehr weit und hoch springen. Dabei entfalten manche Arten auch ihre Flügel.

Du hörst auch das laute Zirpen, mit dem die Männchen (manchmal auch die Weibchen) akustisch ihr Revier markieren. Außerdem rufen die Männchen zirpend eine Partnerin. Die Töne entstehen, wenn die Tiere wie ein Geigenspieler mit den Hinterbeinen (bei manchen Heuschreckenarten auch mit den Vorderflügeln) über die Flügelkanten streichen. Wer Töne macht, braucht auch Ohren. Am Kopf suchst du sie allerdings vergeblich – Heuschreckenohren sitzen am Hinterleib oder an den Vorderbeinen! Das typische Heuschreckenkonzert ergibt sich, weil jede Art mit anderen Tönen und Rhythmen musiziert.

Sicherlich fällt dir auf, dass manche Heuschrecken einen bohrerähnlichen Anhang am Hinterleib tragen. Das sind die Weibchen. Mit dem Legebohrer können sie nicht stechen, sondern legen damit die Eier in den Erdboden.

Bei uns leben viele verschiedene Heuschrecken: Mit über 4 cm Länge ist das **Grüne Heupferd** eine der größten.

Beobachtungsideen:

- ✗ Schau dir die kräftigen Mundwerkzeuge an, mit denen Heuschrecken auch harte Pflanzenteile abbeißen können.
- ✗ Siehst du die vielen Kanten und Leisten auf dem Körperpanzer?
- ✗ Entdeckst du Flügel? Bei manchen sind sie kurz, bei anderen ganz lang.
- ✗ Ein kleines Spiel: Wer findet die meisten Heuschrecken?

Spezial:

Halte ein paar Heuschrecken mit kurzen Fühlern in einem hellen, mit Luftlöchern versehenen Behälter und füttere sie mit Gras und frischen Grünpflanzen. Hörst du ihr Zirpen? Beobachte, wie sie fressen. Und nicht vergessen: Lasse sie nach deiner Beobachtung wieder frei!

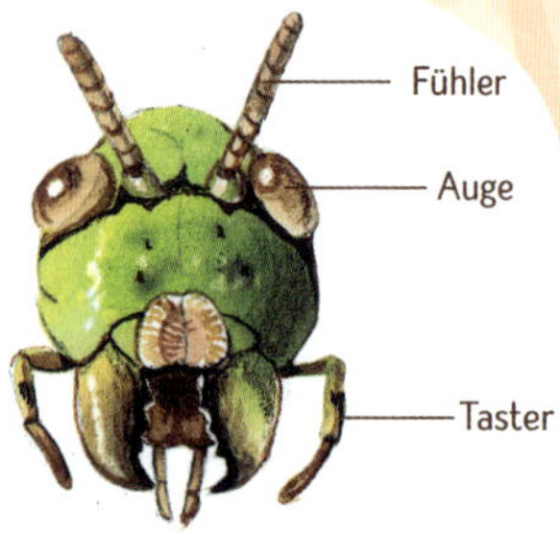

Mundwerkzeuge der Heuschrecke

Das habe ich beobachtet:

Steckbrief

Länge: bis zu 4 cm, die meisten nur bis zu 2 cm

Auffällig: Es gibt grüne und braune Heuschrecken, solche mit langen und mit kurzen Fühlern und Flügeln.

Nahrung: Gras und grüne Pflanzenteile (Tiere mit kurzen Fühlern), Raupen und Insekten (Tiere mit langen Fühlern)

Aha! Heuschrecken sind Meister im Hoch- und Weitsprung. Das Grüne Heupferd kann bis zu 1 m weit und hoch springen. Um es ihm gleichzutun, müsstest du fast 40 m weit springen!

Entdeckt ...

- ☐ am Wegesrand
- ☐ auf einer Wiese
- ☐ auf dem Boden
- ☐ in der Luft
- ☐ auf Stängel/Rinde
- ☐ auf einem Blatt
- ☐ auf einer Blüte
- ☐ im Gebüsch

Schwebfliege

Ahmt stechende Insekten nach

Nicht nur unter Gaunern und Kartenspielern wird eifrig getrickst, auch viele Tiere (und Pflanzen) kommen ohne Tricks nicht aus. Eine von ihnen ist die Schwebfliege, von der bei uns viele Arten heimisch sind. Auf den ersten Blick sehen die schwarz-gelb gestreiften Insekten wie wehrhafte Wespen oder Bienen aus – erst beim genaueren Hinsehen entdeckst du ihren typischen Fliegenkopf mit großen Augen und dem Tupfrüssel. Ihre Wespentracht ist nur Tarnung, denn sie sind völlig harmlos.

Besonders viele Schwebfliegen findest du auf blütenreichen Wiesen und Beeten. Die Weibchen vieler Schwebfliegen legen ihre Eier mitten in Blattlauskolonien hinein. Dann finden die schlüpfenden Larven sogleich ihre Lieblingsnahrung vor: Bis zu 100 Blattläuse saugt eine Schwebfliegenlarve an einem einzigen Tag aus – darum sind Schwebfliegen in Gärten gern gesehen.

Beeindruckend sind auch die Flugkünste dieser Fliegen: Sie können rasant durch die Luft schießen, aber auch wie ein Hubschrauber regungslos in der Luft stehen bleiben.

Beobachtungsideen:

- ✗ Siehst du die vielen kleinen „Tupfen“ auf den großen Augen? Jeder Punkt ist ein winziges Einzelauge, aus dem das Auge eines Insekts aufgebaut ist.
- ✗ Betrachte auch den typischen Fliegenkopf mit den großen Augen, den kurzen Fühlern und dem einklappbaren Tupfrüssel.
- ✗ Gib einen Tropfen Honig in die Becherlupe und beobachte, wie die Schwebfliege daran saugt.
- ✗ Schau dir besonders genau den Hinterleib an – dort entdeckst du keinen Stachel oder Stechapparat.

Spezial:

Schwebfliegen mögen besonders gern die violetten Minzeblüten sowie die weißen Schirmblüten von Wilder Möhre, Dill und anderen Doldenblütlern. Wenn du diese Pflanzen in einer Ecke auf deinem Beet wachsen lässt, kannst du diese Fliegen anlocken.

Das habe ich beobachtet:

Steckbrief

Länge: bis zu 2 cm

Auffällig: schwarz-gelb gestreifter Hinterleib, große Augen, typischer Fliegenrüssel

Nahrung: Nektar und Pollen von Blüten

Aha! Auch Schwebfliegen sind wichtige Blütenbestäuber, denn das Übertragen der Pollen (= Blütenstaub) von Blüte zu Blüte erledigen sie sozusagen nebenbei, wenn sie auf Nahrungssuche sind.

Entdeckt ...

- ☐ am Wegesrand
- ☐ auf einer Wiese
- ☐ auf dem Boden
- ☐ in der Luft
- ☐ auf Stängel/Rinde
- ☐ auf einem Blatt
- ☐ auf einer Blüte
- ☐ im Gebüsch

Glühwürmchen

Leuchten bei Nacht

Eines der unendlich vielen Wunder der Natur sind Glühwürmchen! Ohne Strom oder Feuer leuchten sie gleichmäßig. Glühwürmchen besitzen besondere Leuchtfelder, in denen durch die chemische Reaktion zweier Substanzen kaltes Licht entsteht.

Glühwürmchen sind keine Würmchen, sondern Käfer. Die Männchen, die fliegen können, sehen auch wie typische Käfer aus. Die Weibchen hingegen ähneln Insektenlarven. Sie können nicht fliegen, sondern sitzen stattdessen wie kleine Leuchtpunkte zwischen niedrigen Pflanzen und locken die Männchen an. Nach der Paarung legen die Weibchen ihre Eier auf den Boden – schon die frisch gelegten Eier und die gerade schlüpfenden Larven leuchten.

Die erwachsenen Männchen und Weibchen nehmen keine Nahrung mehr zu sich. Die Larven hingegen sind eifrige Räuber, die Nackt- und Gehäuseschnecken jagen. Sie können die Schleimspur der Schnecken riechen und folgen ihr solange, bis sie die langsam kriechende Beute erreicht haben. Dann töten sie die Schnecke mit einem giftigen Biss.

Beobachtungsideen:

- ✗ Fange vorsichtig ein fliegendes Glühwürmchen und schaue es dir mit der Taschenlampe an. Siehst du die leuchtenden Felder auf der Unterseite des Hinterleibs?
- ✗ Betrachte auch ein weibliches Glühwürmchen, das im Gras sitzt. Es besitzt noch mehr Leuchtfelder als die fliegenden Männchen.
- ✗ Wenn du ein Glühwürmchen auf der Hand hältst, spürst du keinerlei Wärme der Leuchtfelder.

Spezial:

Ein Glühwürmchen musst du unbedingt einmal gesehen haben. Geh an einem warmen Sommerabend in etwas feuchteren Wäldern, an Waldrändern, in Gebüschen und auf Wiesen auf Glühwürmchen-Suche. Je weiter nördlich du wohnst, umso seltener triffst du sie an.

Das habe ich beobachtet:

Steckbrief

Länge: bis zu 1 cm

Auffällig: Männchen längliche Käfer, Weibchen von larvenähnlicher Gestalt, beide mit Leuchtfeldern

Nahrung: ausgewachsene Tiere fressen nichts, Larven mögen Schnecken

Aha! Erwachsene Glühwürmchen leben nur einen Sommer lang, dann sterben sie. Früher gab es bei uns noch viel mehr Glühwürmchen. Durch den Einsatz von Insektengiften und die Zerstörung ihrer Lebensräume sind sie fast überall selten geworden.

Entdeckt ...

- ☐ am Wegesrand
- ☐ auf einer Wiese
- ☐ auf dem Boden
- ☐ in der Luft
- ☐ auf Stängel/Rinde
- ☐ auf einem Blatt
- ☐ auf einer Blüte
- ☐ im Gebüsch

Roter Weichkäfer

Blütenbesucher

Dieser schmale Käfer kam zu seinem Namen, weil seine Haut am Körper ganz weich ist. Der Rote Weichkäfer und seine Verwandten besitzen nämlich keinen harten Körperpanzer wie die meisten Käfer. Daher könnten sie niemals Löcher in die Erde graben wie etwa ein Waldmistkäfer.

Die rötliche Körperfarbe warnt Vögel und andere Insektenvertilger vor dem giftigen Blut dieser Käfer. Das ist auch gut so, denn viele Weichkäfer sind auch für uns Menschen giftig – etwa, wenn man zufällig einen verschluckt.

Im Sommer kannst du Weichkäfer oft am Wegesrand auf den weißen, großen Schirmblüten von Wilder Möhre, Wiesenkümmel und anderen Doldenblütlern entdecken. Manchmal sitzen sogar zwei Käfer übereinander – das sind Weibchen und Männchen, die sich paaren, was stundenlang dauert.

Auch die am Boden lebenden, düster gefärbten Larven der Weichkäfer gehen auf die Jagd. Sie stellen nicht nur Insektenlarven nach, sondern auch kleinen Schnecken. Den Winter über ruhen die Larven unter Steinen oder Blättern am Boden. Erst im nächsten Frühjahr entwickeln sie sich zu fertigen Käfern.

Beobachtungsideen:

- ✗ Wenn du einen Weichkäfer fängst, musst du ganz vorsichtig sein. Sein Körper ist ganz weich.
- ✗ Zähle aus wie vielen Gliedern die langen Fühler bestehen.
- ✗ Entdeckst du die feinen Härchen, die den ganzen Körper bedecken?
- ✗ Bevor ein Weichkäfer losfliegt, klappt er die oberen Deckflügel beiseite. Dann kannst du die weichen Hinterflügel sehen, mit denen der Käfer fliegt.

Spezial:

Fühlt sich ein Weichkäfer bedroht, so tritt aus bestimmten Stellen am Bein eine gelbe, stinkende Flüssigkeit aus, die zudem giftig ist. Ärgere daher keinen Weichkäfer.

Das habe ich beobachtet:

Steckbrief

Länge: bis zu 1 cm

Auffällig: länglich schmaler, rost- bis gelbbrauner Körper

Nahrung: Insekten, deren Larven und Eier, auch zarte Pflanzenteile und Pollen (Blütenstaub)

Aha! Der Rote Weichkäfer ist einer der häufigsten Käfer, die es bei uns gibt.

Entdeckt ...

- ☐ am Wegesrand
- ☐ auf einer Wiese
- ☐ auf dem Boden
- ☐ in der Luft
- ☐ auf Stängel/Rinde
- ☐ auf einem Blatt
- ☐ auf einer Blüte
- ☐ im Gebüsch

Kleiner Fuchs

Typisch Schmetterling

Wegen seiner fuchsroten Färbung kam dieser Schmetterling zu seinem Namen. Der Kleine Fuchs gehört zu den Faltern, die du schon im Februar und März entdecken kannst. Während bei den meisten anderen Schmetterlingen Eier, Raupen oder Puppen überwintern, ruhen beim Kleinen Fuchs die erwachsenen Falter in geschützten Schlupfwinkeln. Schon an den ersten warmen Spätwintertagen verlassen die Falter dann ihre Verstecke und besuchen die allerersten Frühlingsblumen. Besonders gern saugt dieser Falter an den gelben Huflattichblüten, die an vielen Wegrändern blühen.

Die Raupen des Kleinen Fuchses fressen nur Brennnesselblätter. Gemeinsam spinnen die frisch geschlüpften Raupen eines Geleges ein schützendes Gespinst um ihre Körper, in dem sie nun fast ihre ganze Raupenzeit verbringen. Mit jeder Häutung werden die Raupen größer und vergrößern auch ihr Heim aus Spinnfäden, in dem sie fressen und ruhen. Von den Raupen des Tagpfauenauges (siehe Seite 28) kannst du die Kleiner Fuchs-Raupen durch die zitronengelben Längsstreifen unterscheiden.

Beobachtungsideen:

- ✗ Siehst du, dass die kleinen mondförmigen Flecken am Flügelrand schillern?
- ✗ Entdeckst du die kleinen keulenartigen Verdickungen an den Fühlerenden? Sie sind typisch für viele Tagfalter.
- ✗ Beobachte die Entwicklung von der Raupe zum fertigen Falter, draußen an Brennnesseln oder indem du, wie beim Tagpfauenauge (siehe Seite 28-29), ein paar Raupen ins Haus holst.
- ✗ Siehst du den eingerollten Saugrüssel?

Spezial:

Bringe etwa ein Glas Malzbier in einem Topf zum Kochen und rühre etwas Honig unter. Tränke mit dem abgekühlten Honigbier ein Küchenpapier. Wenn du dieses draußen auslegst, kommen verschiedene Schmetterlinge angeflogen. Beobachte, wie sie an der Flüssigkeit saugen.

Das habe ich beobachtet:

Steckbrief

Länge: bis zu 2,5 cm

Auffällig: gelbrote Flügel mit schwarzen und gelben Flecken, blauen Halbmonden an den Rändern

Nahrung: Blütennektar

Aha! Der Kleine Fuchs ist einer der häufigsten Schmetterlinge bei uns. Seine Raupen sind auf Futter (Brennnessel) spezialisiert, das es bei uns fast überall gibt, und in den Siedlungen finden die Falter ausreichend geschützte Überwinterungsplätze.

Entdeckt ...

- ☐ am Wegesrand
- ☐ auf einer Wiese
- ☐ auf dem Boden
- ☐ in der Luft
- ☐ auf Stängel/Rinde
- ☐ auf einem Blatt
- ☐ auf einer Blüte
- ☐ im Gebüsch

Honigbiene

Fleißig fleißig

Ohne die Honigbiene gäbe es zum Frühstück keinen Honig. Imker halten die Völker der Honigbiene in Kästen, den sogenannten Stöcken. Zu jedem Volk gehört eine Königin, die ständig Eier legt (im Sommer täglich bis zu 2.000) und den Stock nicht verlässt. Nahrung sammeln, Brut- und Honigwaben bauen, Larven füttern, Stock verteidigen – das sind ein paar der Aufgaben, die die Arbeiterinnen erledigen. In einem Volk leben bis zu 60.000 von ihnen. Drohnen – das sind die männlichen Bienen – gibt es nur im Sommer.

Wenn sich eine Honigbiene bedroht fühlt, sticht sie zu. Da der Stachel in der Haut hängenbleibt, führt dies auch zum Tod der Honigbiene. Daher fange eine Honigbiene stets behutsam mit deiner Becherlupe.

Über den Winter bleiben die Bienen in ihrem Stock. Da der Imker den meisten Honig ja zum Verkaufen entfernt hat, füttert er die Bienen nun mit Zuckerwasser. An sehr kalten Tagen zittern die Bienen am ganzen Körper. So erzeugen sie eine angenehme Wärme. An heißen Sommertagen kühlen sie das Stockinnere mit Flügelfächern und mit hereintransportiertem Wasser, das verdunstet.

Beobachtungsideen:

- ✗ Schau dir die Höschen an den Hinterbeinen an. In diesen speziellen Fangkörben transportieren die Bienen den Pollen.
- ✗ Beobachte eine Biene beim Nektarsaugen. Siehst du, wie sie den Rüssel tief in die Blüte steckt?
- ✗ Miss die Außentemperatur, wenn du eine Honigbiene entdeckst. Ist es kühler als 12 °C bleiben Bienen nämlich im Stock.

Spezial:

Bienen können sehr gut Farben unterscheiden – nur rot sehen sie nicht. Tupfe auf ein rotes, blaues, grünes und gelbes Blatt Papier jeweils etwas Honig und lege die Papierstücke an einem sonnigen Sommertag auf eine weiße Tischdecke ins Freie. Wo landen die meisten Bienen?

Das habe ich beobachtet:

Steckbrief

Länge: bis zu 1,5 cm

Auffällig: bräunlich-gelb gestreifter, kurz behaarter Körper

Nahrung: Nektar und Pollen (Blütenstaub)

Aha! Die Honigbiene ist das einzige Haustier unter den Insekten. Sie ist auch das einzige Tier auf der Erde, dass Honig produzieren kann. Schon in der Steinzeit haben die Menschen Honig gesammelt. Achtung, Honigbienen können stechen - und manche Menschen reagieren allergisch darauf.

Entdeckt ...

- ☐ am Wegesrand
- ☐ auf einer Wiese
- ☐ auf dem Boden
- ☐ in der Luft
- ☐ auf Stängel/Rinde
- ☐ auf einem Blatt
- ☐ auf einer Blüte
- ☐ im Gebüsch

Erdhummel

Pelzig eingehüllt

An den ersten warmen Frühlingstagen fliegen schon die ersten Hummeln laut brummend auf der Suche nach Nahrung umher. Sie sind auffallend groß, viel größer als die Hummeln im Sommer oder Herbst. Klar, es sind auch die Hummelköniginnen.

Bei den Hummeln überwintern nämlich nur die begatteten Weibchen, die im kommenden Jahr einen neuen Hummelstaat gründen. Wenn dann die ersten Arbeiterinnen geschlüpft sind, übernehmen sie die Nahrungssuche und den Bau von Einäpfchen und Honigtöpfchen. Die Königin legt dann nur noch Eier. Ein Hummelstaat kann aus bis zu 600 Tieren bestehen. Im Herbst geht der Staat dann zugrunde und nur die neuen Hummelköniginnen überleben den Winter.

Wundere dich nicht, wenn Hummeln plötzlich im Erdboden verschwinden. Sie bauen ihr Nest gern in verlassene Mäusebaue. Hummeln gehören zu den Wildbienen - bei uns leben ungefähr 40 verschiedene Hummelarten.

Beobachtungsideen:

- ✗ Beobachte eine Hummel, wenn sie auf einer Blüte Nektar sammelt. Ihr Rüssel ist sehr kurz.
- ✗ Wie transportiert sie den Pollen?
- ✗ Schau dir auch den dichten Pelz an, den der Hummelkörper bedeckt.

Spezial:

Beobachte im März und April die blühenden Weidenkätzchen. Dort kannst du oft eine Hummelkönigin entdecken, die Nektar und Pollen sammelt. Weiden gehören zu den wichtigsten Nahrungspflanzen der Hummeln im zeitigen Frühling! Pflanze deshalb auch in deinem Garten eine Weide.

Das habe ich beobachtet:

Steckbrief

Länge: bis zu 2 cm

Auffällig: schwarzer, pelzig behaarter Körper mit gelben Streifen und weißem Po

Nahrung: Nektar und Pollen (Blütenstaub)

Aha! Die pelzige Behaarung sieht nicht nur hübsch aus, sie hält auch warm. Darum können Hummeln schon an recht kühlen Tagen ausfliegen und Nahrung sammeln, wenn die „nackten" Bienen und Wespen noch zu Hause bleiben müssen. Achtung, auch Hummeln können stechen!

Entdeckt ...

- ☐ am Wegesrand
- ☐ auf einer Wiese
- ☐ auf dem Boden
- ☐ in der Luft
- ☐ auf Stängel/Rinde
- ☐ auf einem Blatt
- ☐ auf einer Blüte
- ☐ im Gebüsch

Mit der Becherlupe am Wasser

Beobachtungen am Wasser

Teiche und Seen, Bäche und Flüsse sind im Sommer voller Leben. Im lichtdurchfluteten Wasser wachsen viele Wasserpflanzen, zwischen denen die Wassertiere Nahrung und Schutz finden.

Tiere am und im Wasser zu entdecken ist so einfach. Suche dir einen schönen Platz an einem Teich oder Seeufer und nimm dir Zeit zum Beobachten: Am Ufer schießen schillernd bunte Libellen hin und her. Wasserläufer gleiten auf der Wasseroberfläche dahin und kleine Taumelkäfer drehen sich rasant im Kreis. An der Wasseroberfläche hängen Spitzschlammschnecken, Rückenschwimmer und die weißlichen Larven der Stechmücken. Im Frühjahr entdeckst du die gallertigen Laichballen oder -schnüre von Fröschen und Kröten, dort wimmelt es im Frühsommer von dunklen Kaulquappen. Auf den Blattunterseiten von Teich- und Seerosen findest du Wasserschnecken, Pferdeegel und die schleimigen Eigelege der Schnecken.

Mit einem Kescher oder einem Küchensieb kannst du nicht nur all diese Tiere vorsichtig aus dem Wasser in ein wassergefülltes Beobachtungsgefäß setzen, sondern auch die Tiere entdecken, die zwischen den Wasserpflanzen oder auf dem Gewässergrund leben: Gelbrandkäfer, Wasserspinnen und die zahlreichen Larven von Libellen, Köcherfliegen und anderen Wasserinsekten. Lass sie rasch wieder frei.

Spezial:

Wenn du den Kescher wie eine liegende 8 durchs Wasser ziehst, kannst du am besten Wassertiere fangen. Denn so können die gefangenen Tiere nicht so leicht entkommen.

Achtung!

Kleine Kinder unter fünf Jahren dürfen niemals allein an einem Gewässer spielen, sondern sollten stets unter Aufsicht sein. Selbst ganz flache Teiche sind eine tödliche Gefahr für sie.

Pack die Becherlupe aus!

Leere Schneckenhäuschen und Muschelschalen, die verlassenen Körperpanzer der Libellenlarven nach dem Schlüpfen, Federn, Algen, bunte Steine, Treibgut – alles, was du am Teich findest, kannst du in der Becherlupe vergrößert betrachten und erforschen.

Möchtest du lebende Wassertiere beobachten, fülle zunächst den Becher mit Teichwasser. Dann setzt du das Wassertier hinein. Wenn sich Tiere im Becher befinden, stelle sie unbedingt nur in den Schatten. Sonst heizt sich das Wasser schnell auf und das Wassertier kann sterben. Nach dem Beobachten, spätestens aber nach fünf Minuten, lasse das Tier wieder dort frei, wo du es vorsichtig gefangen hast.

Besonders hübsch: Gib einen kleinen Wasserpflanzenzweig in die mit Wasser gefüllte Becherlupe und schau sie dir mit der Lupe an. Du entdeckst viel mehr, als wenn die Wasserpflanze im Trockenen liegt.

Spezial:

Suche im Sommer die Pflanzen am Ufer ab, deren Stängel im Wasser stehen. Dort findest du die leeren Larvenhäute der Libellen. Obwohl sie genau so „echt“ und lebendig aussehen wie die Larven kannst du sie anfassen und vorsichtig in deine Lupe setzen.

Das habe ich beobachtet:

Diese Pflanzen habe ich am Teich entdeckt:

☐ **Seerosen** ☐ **Wasserlinsen** ☐ **Wasserpflanzen**

Diese Wassertiere habe ich entdeckt:

☐ **Spitzschlammschnecke:** ☐ lebend ☐ leeres Gehäuse
☐ **Posthornschnecke:** ☐ lebend ☐ leeres Gehäuse
☐ **Teichmuschel:** ☐ lebend ☐ Schalen
☐ **Pferdeegel**
☐ **Fischegel**
☐ **Flohkrebs**
☐ **Wasserassel**
☐ **Wassermilbe**
☐ **Wasserfloh**
☐ **Frosch oder Kröte:** ☐ Kaulquappe ☐ Laich

Diese Wasserinsekten habe ich entdeckt:

☐ **Libelle:** ☐ erwachsenes Tier ☐ Larve
☐ **Eintagsfliege:** ☐ erwachsenes Tier ☐ Larve
☐ **Stechmücke:** ☐ Larve ☐ Puppe
☐ **Zuckmücke:** ☐ erwachsenes Tier ☐ Larve
☐ **Köcherfliege:** ☐ erwachsenes Tier ☐ Larve
☐ **Wasserläufer**
☐ **Taumelkäfer**
☐ **Rückenschwimmer**
☐ **Gelbrandkäfer:** ☐ erwachsenes Tier ☐ Larve
☐ **Rückenschwimmer** (Achtung, kann stechen)
☐ **Wasserskorpion** (Achtung, kann stechen)
☐ **Ruderwanze**

Pferdeegel

Räuberischer Pferdeegel

Wenn du aufgrund seines Namens meinst, der Pferdeegel würde Pferde anfallen und deren Blut saugen, so täuschst du dich. Unter den Egeln gibt es tatsächlich solche wie den Blut-, den Fisch- oder Schneckenegel, die sich von Blut ernähren. Nicht der Pferdeegel: Er ist ein Räuber. Seiner Beute lauert er versteckt zwischen Wasserpflanzen oder im weichen Bodenschlamm am Grund der Gewässer auf. Manchmal verfolgt er sie auch schwimmend. Kleine Wassertiere verschlingt er als Ganzes, aus größeren Beutetieren reißt er mit seinen scharfen Kiefern kleine Stücke heraus, bis er satt ist. Dann braucht er über ein Jahr lang keine Nahrung mehr aufzunehmen.

Pferdeegel kommen in fast allen Teichen, wassergefüllten Gräben und langsam fließenden Gewässern vor. Du findest ihn am einfachsten, wenn du die Blätter von Seerosen und anderen Wasserpflanzen umdrehst.

Erstaunlich ist, wie rasch sich ein Pferdeegel bewegen kann. Abwechselnd löst er den vorderen und hinteren Saugnapf vom Untergrund und setzt sie wie mit kleinen Schritten wieder auf. Er kann auch gut schwimmen.

Beobachtungsideen:

- ✗ Wo ist vorne? Wo ist hinten?
- ✗ Entdeckst du die Augen seitlich auf den vorderen Segmenten?
- ✗ Betrachte den Egel von unten: Erkennst du die beiden Saugnäpfe vorn und hinten?
- ✗ Siehst du die kleine Mundöffnung in der Mitte des vorderen Saugnapfes?

Spezial:

Setze einen Pferdeegel in deine mit Wasser gefüllte Becherlupe. Siehst du, wie er sich an den Wänden festsaugt? Er kann seine Körperform stark ändern und erscheint mal lang und dünn, dann wieder dick und kurz. Beobachte auch, wie er schlängelnd schwimmt.

Das habe ich beobachtet:

Steckbrief

Länge: bis zu 10 cm

Auffällig: langer, wurmähnlicher, dunkel gefärbter Körper, mit vielen Ringeln (Segmenten)

Nahrung: Wassertiere wie Insektenlarven, Schnecken und Würmer

Aha! Der Medizinische Blutegel ist ein Verwandter des Pferdeegels und kommt natürlicherweise in moorigen Gewässern vor. Bei medizinischen Therapien kommen im Labor aufgewachsene Egel zum Einsatz: Mit ihrem scharfen Kiefer ritzen sie einen y-förmigen Schlitz in die Haut und saugen Blut. Blutegel können bis zu 20 Jahre alt werden.

Entdeckt ...

- ☐ am Ufer
- ☐ im freien Wasser
- ☐ in einem See oder Teich
- ☐ in einem Bach oder Fluss
- ☐ auf einer Wasserpflanze
- ☐ unter einem Seerosenblatt
- ☐ an/auf der Wasseroberfläche
- ☐ am Gewässergrund

Libelle Pfeilschnelle Jäger

An den Ufern der Gewässer kannst du im Sommerhalbjahr die Flugkünste der Libellen – Mosaikjungfer, Blaupfeil, Azurjungfer und andere Arten – beobachten: Sie schießen rasant an dir vorbei, bleiben dann in der Luft stehen und können sogar rückwärts fliegen. Grund dafür sind die vier Flügel, die sie unabhängig voneinander bewegen können und so viele Flugmanöver möglich machen.

Libellen sind Jäger. Sie ergreifen ihre Beute im Flug, kleine Tiere verzehren sie gleich. Aber: Libellen können nicht stechen, wie immer fälschlicherweise behauptet wird. Sie besitzen weder einen Stechrüssel noch einen Stechapparat am dünnen Hinterleib und sind für uns Menschen völlig harmlos.

Manchmal entdeckst du Libellen, die zu zweit hintereinander oder wie zu einem Herz aneinander gekoppelt sind. Das sind ein Männchen und ein Weibchen auf dem Hochzeitsflug. Nach der Paarung legt das Weibchen die Eier im Wasser ab.

Die braunen, kräftigen Larven leben ein oder sogar mehrere Jahre am Gewässergrund. Sie sind gefräßige Räuber, die sogar kleine Fische erbeuten.

Beobachtungsideen:

- ✗ Schau dir die großen Augen an, die wie zwei Halbkugeln seitlich am Kopf sitzen. Mit ihnen kann die Libelle rundherum alles sehen, ohne den Kopf zu drehen.
- ✗ Beobachte ein Libellenpärchen auf Hochzeitsflug: Das vordere ist das Männchen, das das Weibchen mit seinen kleinen Zangen am Hinterleib hinter dem Kopf packt.
- ✗ Eine Libellenlarve musst du in einer wassergefüllten Becherlupe betrachten. Entdeckst du vorne am Kopf die ausklappbare Fangmaske, mit der die Larve kleine Wassertiere erbeutet?

Spezial:

Wenn du früh morgens an einem schönen Sommertag an einen Teich gehst, beobachte die Pflanzen, die aus dem Wasser herausragen. Vielleicht verlässt ja gerade eine Libellenlarve an einem Stängel das Wasser. Dann kannst du beobachten, wie die Libelle aus der Larvenhaut schlüpft. Die leere Larvenhaut kannst du mit der Becherlupe anschauen.

Libellenlarven können mit ihren zu einer Fangmaske umgebauten Mundwerkzeugen blitzschnell Beute fangen.

Das habe ich beobachtet:

Steckbrief

Länge: bis zu 8 cm

Auffällig: runder Kopf mit großen Augen, dünner, langer Hinterleib und vier durchsichtige Flügel

Nahrung: Insekten

Aha! Libellen sind die schnellsten Insekten der Erde. Auf kurzen Strecken können sie sogar 100 Stundenkilometer Geschwindigkeit erreichen – so schnell fährt ein Auto auf der Landstraße.

Entdeckt ...

- ☐ am Ufer
- ☐ im freien Wasser
- ☐ in einem See oder Teich
- ☐ in einem Bach oder Fluss
- ☐ auf einer Wasserpflanze
- ☐ unter einem Seerosenblatt
- ☐ an/auf der Wasseroberfläche
- ☐ am Gewässergrund

Mosaikjungfer

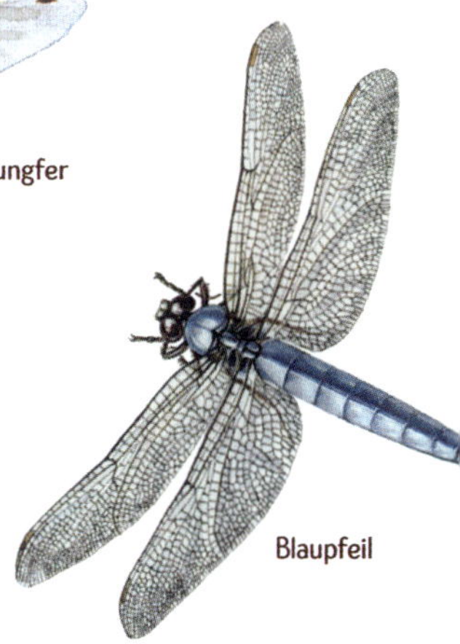

Blaupfeil

Azurjungfer

Wasserläufer

Auf Schlittschuhen unterwegs

Wie beim Schlittschuhlaufen gleiten die Wasserläufer über die Wasserfläche. Die Unterseiten ihrer Beine sind dicht behaart – darum sinken die dünnen Beine nicht ins Wasser ein.

Wasserläufer findest du so gut wie auf jedem Gewässer – nicht nur auf Teichen, Tümpeln und Seen kommen sie vor, sondern auch auf kleinen Wasserpfützen am Wegesrand. Sobald sich etwas an der Wasseroberfläche bewegt, eilen die räuberischen Tiere herbei: Sie erbeuten nämlich Mücken und andere Insekten, die aufs Wasser gefallen sind oder kleine Wassertiere, die zum Luftholen auftauchen.

Wasserläufer sind die ersten Insekten, die im Frühjahr auf dem Wasser erscheinen. Schon im März tauen ihre steif gefrorenen Körper im schützenden Laub oder Moospolster auf. Dann eilen sie sofort zum nächsten Gewässer.

Betrachtest du einen Wasserläufer von unten, erkennst du sofort, zu welcher Insektengruppe er gehört: Wie alle **Wanzen** besitzt er einen langen Rüssel, den er unter den Bauch geklappt hat.

Beobachtungsideen:

- ✗ Entdeckst du den dünnen Rüssel auf der Bauchseite?
- ✗ Schau nach: Besitzt der Wasserläufer Flügel?
- ✗ Betrachte die Beine: Die beiden vorderen sind kurz zum Packen der Beute, die beiden mittleren und hinteren hingegen sehr lang. Sie sind wie ein Kreuz auf der Wasseroberfläche ausgebreitet.
- ✗ Siehst du, dass die Füße kleine Dellen auf dem Wasser erzeugen?

Spezial:

Setze einen Wasserläufer in einen Eimer, den du mit Wasser gefüllt hast. Nun gib einen Tropfen Spülmittel ins Wasser. Was beobachtest du? Der Wasserläufer (den du natürlich sofort rettest) versinkt im Wasser, denn durch das Spülmittel hat sich die Oberflächenspannung des Wassers verändert.

Das habe ich beobachtet:

Steckbrief

Länge: bis zu 1 cm

Auffällig: schmaler, dunkler Körper mit sehr langen, dünnen Beinen

Nahrung: Insekten, kleine Wassertiere

Aha! Es gibt Wasserläufer mit und ohne Flügel. Während die ungeflügelten Tiere auf dem Heimatgewässer bleiben müssen, sind die geflügelten Tiere mobil. Sie können davonfliegen und neue Teiche besiedeln.

Entdeckt ...

- ☐ am Ufer
- ☐ im freien Wasser
- ☐ in einem See oder Teich
- ☐ in einem Bach oder Fluss
- ☐ auf einer Wasserpflanze
- ☐ unter einem Seerosenblatt
- ☐ an/auf der Wasseroberfläche
- ☐ am Gewässergrund

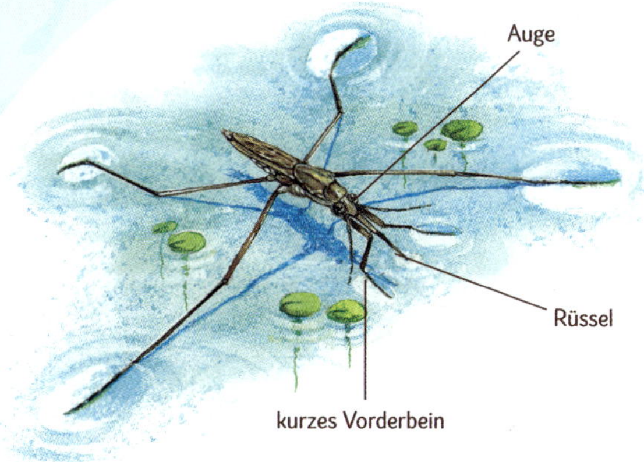

Köcher-fliegenlarve

Kinderstube im Köcher

Köcherfliegen sind – trotz ihres Namens – keine Fliegen, sondern mit den Schmetterlingen verwandt. Darum sehen sie auch so ähnlich wie Motten aus.

Das Spannende bei diesen Insekten sind aber nicht die eher unscheinbaren, nachtaktiven Erwachsenen, sondern die am Gewässergrund lebenden Larven: Sie bauen nämlich um ihren langen, zarten Körper einen Köcher, in dem sie wohnen. Aus der Öffnung schaut dann nur der braune Larvenkopf heraus. So sind die Tiere bestens vor räuberischen Fischen und anderen Fressfeinden geschützt. Jede Köcherfliegenart hat besondere Vorlieben für das Material, aus dem sie den Köcher baut. Manche benutzen nur kleine Steinchen und Sandkörner – ihre Köcher sehen wie ordentliche Tüten aus. Andere hingegen spinnen in ihre unordentlichen und merkwürdigen Wohnhäuschen kleine Holzstückchen, Blätter, lebende Algen oder sogar Schneckenhäuschen ein.

Köcherfliegen leben an den Ufern der meisten Teiche und Tümpel und auch deren Larven sind gar nicht so selten. Da sich diese aber am Gewässergrund oder zwischen Wasserpflanzen aufhalten und zudem ganz gut durch den Köcher getarnt sind, findest du sie nicht so leicht.

Beobachtungsideen:

- ✗ Schau dir einen Köcher genau an: Aus welchen Materialien wurde er gebaut?
- ✗ Entdeckst du den Kopf der Larve? Du darfst sie aber nicht aus dem Köcher herausziehen. Lass die Larve im Köcher nach dem Beobachten sofort wieder frei.
- ✗ Hast du eine erwachsene Köcherfliege gefunden? Betrachte auch sie vergrößert unter der Lupe.

Spezial:

Köcherfliegenlarven müssen sich mehrmals häuten, wenn sie wachsen. Nach jeder Häutung bauen die Larven einen neuen, größeren Köcher. Mit etwas Glück findest du einen verlassenen Köcher, den du dir genau mit der Becherlupe anschauen kannst.

erwachsene Köcherfliege

Das habe ich beobachtet:

Steckbrief Larve:

Länge: bis zu 5 cm, meist kleiner

Auffällig: Larve mit raupenähnlichem Körper, lebt in einem selbst gebauten Köcher

Nahrung: Schwebstoffe und winzige Algen

Aha! Wie bei allen Tieren so gibt es auch bei den Köcherfliegen Ausnahmen: Es gibt auch ein paar Köcherfliegenarten, deren Larven am Gewässergrund ohne Köcher jagend umherziehen oder die ihre Beute mit einem Fangnetz fangen.

Entdeckt ...

- ☐ am Ufer
- ☐ im freien Wasser
- ☐ in einem See oder Teich
- ☐ in einem Bach oder Fluss
- ☐ auf einer Wasserpflanze
- ☐ unter einem Seerosenblatt
- ☐ an/auf der Wasseroberfläche
- ☐ am Gewässergrund

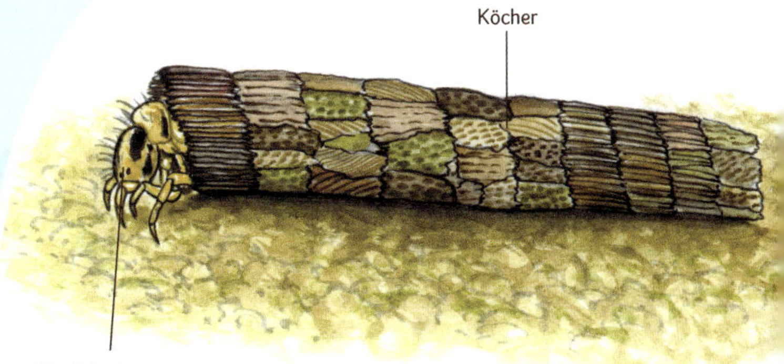

Stechmücke Oft lästig

Wenn abends Stechmücken sirrend um dich kreisen, weißt du, was du am nächsten Tag tun kannst: Stechmückenlarven suchen! Und wo, bitte schön? In einem Gewässer. Die Weibchen tupfen ihre Eier nämlich auf die Wasseroberfläche von Teichen, Pfützen oder Regentonnen – ja sogar in Gießkannen wurden die Eipakete gefunden, die wie ein kleines Floß auf dem Wasser treiben. Mückenschiffchen werden sie genannt.

Bald schlüpfen die Larven. Sie hängen kopfüber an der Wasseroberfläche und strecken das Atemrohr am Hinterleibsende aus dem Wasser. Das ist sehr praktisch: Am Po wird geatmet und am Maul werden die vorbeitreibenden winzigen Algen und Schwebstoffe gefressen. Nach ungefähr drei Wochen und drei Häutungen legen die Schwebfliegenlarven eine Ruhe- und Umbaupause ein: Sie verpuppen sich – und nach ein paar Tagen schlüpft aus der Puppe die fertige Stechmücke.

Stechmückenweibchen haben feine Sinne: Sie können Körperwärme und -duft wahrnehmen und fallen begierig über jeden Warmblüter her, egal ob Mensch oder Tier. Denn sie brauchen Blut, damit die Eier in ihrem Körper heranreifen können. Männchen hingegen stechen nicht – sie ernähren sich von Pflanzensäften.

Beobachtungsideen:

- ✗ Betrachte ein Mückenschiffchen mit der Lupe.
- ✗ Erkennst du das lange Atemrohr am Hinterende der Larve, das wie ein Schnorchel aussieht?
- ✗ Schau dir auch eine Puppe an, die an der Wasseroberfläche hängt: Sie ist kugelig und hat ihren Hinterleib um den Körper geschlungen.
- ✗ Fange eine Stechmücke mit deiner Becherlupe: Siehst du den feinen Stechrüssel?

Spezial:

Fülle etwas Teichwasser in einen (durchsichtigen) Eimer und setze ein paar Stechmückenlarven hinein. Erschreckst du sie, dann tauchen sie mit zuckenden Bewegungen ab. Wenn ihnen die Luft ausgeht, kommen sie wieder an die Oberfläche.

Das habe ich beobachtet:

Steckbrief:

Länge: bis zu 6 mm

Auffällig: zarte Insekten mit zwei schmalen Flügeln und feinem Stechrüssel

Nahrung: Weibchen Blut, Männchen Pflanzensäfte

Aha! Ein Stich juckt, weil die Stechmücke beim Blutsaugen blutgerinnungshemmende Substanzen in die Wunde pumpt. Beträufelst du den Stich mit Spucke oder dem Saft eines Spitzwegerichblatts, das du zwischen den Fingern zerreibst, hört das Jucken rasch auf.

Entdeckt ...

- ☐ am Ufer
- ☐ im freien Wasser
- ☐ in einem See oder Teich
- ☐ in einem Bach oder Fluss
- ☐ auf einer Wasserpflanze
- ☐ unter einem Seerosenblatt
- ☐ an/auf der Wasseroberfläche
- ☐ am Gewässergrund

Schwimmkäfer: Gelbrandkäfer

Räuberischer Käfer

Einer der schnellsten Jäger in Teich und Tümpel ist der Gelbrandkäfer. Vor ihm sind keine Kaulquappen oder Teichinsekten sicher, selbst kleine Fische kann er erbeuten. Zwischen Wasserpflanzen versteckt lauert er auf seine Beute und ergreift sie mit einem raschen Spurt.

Im Sommer paaren sich die Gelbrandkäfer. Dann reiten die Männchen tagelang huckepack auf dem Rücken der Weibchen. Damit sie nicht herunterfallen, saugen sie sich mit den Vorderbeinen am weiblichen Halspanzer fest. Nach der Paarung versenkt das Weibchen die Eier mithilfe eines Legebohrers in die Stängel und Blätter von Wasserpflanzen.

Die bräunliche, lang gestreckte Larve ist auch eine gefährliche Jägerin. Wenn sie ungefähr 6 cm lang ist, krabbelt sie an Land und verpuppt sich dort in der Erde. Nun findet der Umbau zum Käfer statt, der sofort zum Teich zurückkrabbelt oder -fliegt.

Gelbrandkäfer können nämlich auch fliegen. Trocknet ein Tümpel aus, so fliegt er einfach zum nächsten.

Beobachtungsideen:

- ✗ Betrachte die sichelförmigen Mundwerkzeuge, mit denen der Käfer seine Beute zerkleinert.
- ✗ Schau dir die Beine an: Die hinteren sind stark behaarte Schwimmbeine.
- ✗ Entdeckst du auf den harten Flügeldecken tiefe Furchen? Dann ist der Käfer ein Weibchen, bei Männchen sind diese Flügeldecken nämlich ganz glatt.
- ✗ Beobachte einen Gelbrandkäfer, wie er an der Wasseroberfläche Luft holt.

Spezial:

Setze einen Gelbrandkäfer in einen durchsichtigen Eimer und biete ihm eine tote Stubenfliege als Nahrung an. Frisst er sie? Dann lässt du den Käfer wieder dort frei, wo du ihn gefunden hast.

Das habe ich beobachtet:

Steckbrief:

Länge: bis zu 3,5 cm

Auffällig: flacher, stromlinienförmiger, grünlicher Körper mit gelben Randstreifen

Nahrung: kleine Wassertiere, auch tote Tiere

Aha! Alle Insekten atmen keine Luft mit dem Mund ein, so wie du. Ihre vielen Luftöffnungen sitzen an beiden Seiten des Hinterleibs. Darum schöpft ein Gelbrandkäfer an der Wasseroberfläche mit seinem Hinterleib Luft. Gebrandkäfer können bis zu fünf Jahre alt werden.

Entdeckt ...

- ☐ am Ufer
- ☐ im freien Wasser
- ☐ in einem See oder Teich
- ☐ in einem Bach oder Fluss
- ☐ auf einer Wasserpflanze
- ☐ unter einem Seerosenblatt
- ☐ an/auf der Wasseroberfläche
- ☐ am Gewässergrund

Kaulquappe

Tierkinder

Frösche, Kröten und Molche beginnen ihr Leben als Kaulquappe. So heißen die Jungen, bevor sie sich zu erwachsenen Tieren verwandeln.

Wie Fische atmen Kaulquappen zunächst mit Kiemen. Frisch aus dem Ei geschlüpft erkennst du die feinen Kiemenäste seitlich am Körper. Wenn die Kaulquappe älter ist, umgibt ein Hautlappen die Kiemen – dann sieht der Kopf kugelig aus und das frische Wasser strömt durch die seitlichen Atemöffnungen zu den Kiemen. Wenn sich die Kaulquappe zum Frosch, Molch oder zur Kröte umwandelt, werden die Kiemen durch Lungen ersetzt – kompliziert, nicht wahr?

Die Umwandlung zum erwachsenen Tier kannst du leicht beobachten, wenn du im Frühling und Frühsommer täglich Kaulquappen im Teich anschaust: Den Kaulquappen von Molchen wachsen zuerst die beiden Vorderbeine, später die Hinterbeine. Bei Fröschen und Kröten ist es umgekehrt – zuerst siehst du die Hinterbeine, dann die Vorderbeine. Und schon im Juli verlassen Frösche und Kröten als winzige Miniausgaben das Wasser.

Beobachtungsideen:

- ✗ Entdeckst du die dunklen Augen? Und die kleine Mundöffnung?
- ✗ Siehst du an den Seiten die Kiemenanhänge, bei älteren Kaulquappen die beiden Atemöffnungen?
- ✗ Beobachte, wie sich die Beine von Tag zu Tag entwickeln. Zuerst sind es nur kleine Knospen, dann werden sie länger und bekommen Zehen.

Spezial:

Kaulquappen raspeln mit ihren hornigen Kiefern den feinen Algenbelag auf Wasserpflanzen und Steinen ab. Dabei kannst du sie gut beobachten.

Das habe ich beobachtet:

Steckbrief Larve:

Länge: bis zu 4 cm

Auffällig: dunkler, runder Körper mit langem Schwanz

Nahrung: Algen, Schwebteilchen, kleinste Krebse

Aha! Wundere dich nicht, wenn du bei deinen täglichen Besuchen am Teich immer weniger Kaulquappen siehst. Sie werden nämlich gern von Molchen, Fischen, Schwimmkäfern und Libellenlarven gefressen. Nun weißt du auch, warum Frösche und Co. so viele Eier legen.

Entdeckt ...

- ☐ am Ufer
- ☐ im freien Wasser
- ☐ in einem See oder Teich
- ☐ in einem Bach oder Fluss
- ☐ auf einer Wasserpflanze
- ☐ unter einem Seerosenblatt
- ☐ an/auf der Wasseroberfläche
- ☐ am Gewässergrund

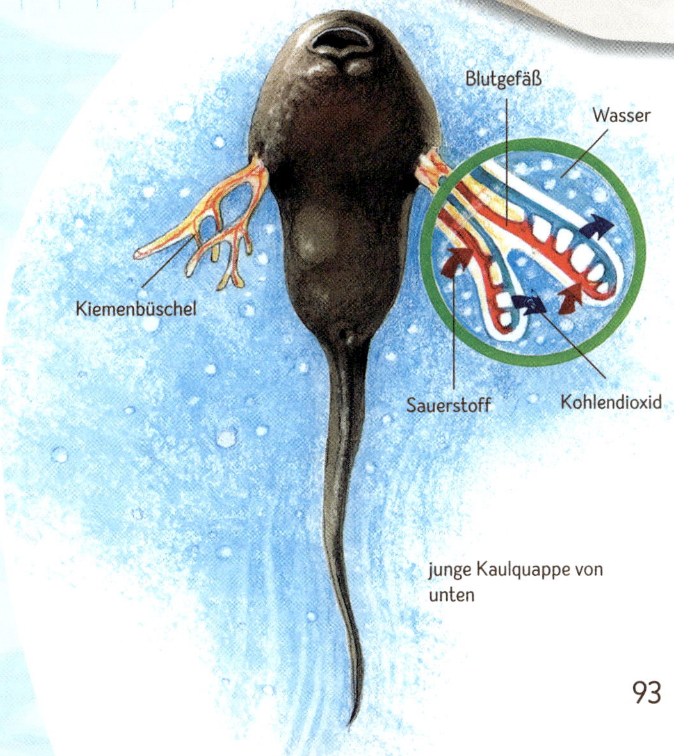

junge Kaulquappe von unten

Glossar – schwierige Wörter einfach erklärt

Deckflügel: das verhärtete vordere Flügelpaar bei Käfern. Dieses dient nicht mehr zum Fliegen, sondern schützt die weichen Hinterflügel, mit denen Käfer fliegen können. Wegen dieser schützenden Vorderflügel können Käfer in so vielen verschiedenen Lebensräumen leben, wie etwa unter Wasser oder im Erdboden.

Doldenblütler: große Pflanzenfamilie mit Doldenblüten, bei denen viele kleine, meist weiße Einzelblüten zu Dolden zusammengesetzt sind. Bei uns kommen die meisten Doldenblütler auf Wiesen und an Wegrändern vor. Zu ihnen gehören auch viele Nutzpflanzen wie Möhre, Dill, Sellerie, Fenchel, Kümmel, Petersilie und Anis. Auch einige tödlich giftige Pflanzen wie Wasser-Schierling und Gefleckter Schierling sind Doldenblütler.

Falllaub: Blätter, die von den Bäumen herabgefallen sind und am Boden liegen bleiben. Bei uns gibt es jedes Jahr im Herbst und Winter jede Menge Falllaub. Dann werfen die Laubbäume ihre Blätter ab, um im Winter nicht zu verdursten.

Flügeldecke: anderes Wort für Deckflügel.

Fressfeind: räuberisches Tier, das sich von der betreffenden Tierart oder Tiergruppe ernährt. Igel beispielsweise sind Fressfeinde von Regenwürmern, Insekten und deren Larven, Spinnen und Schnecken.

Galle/Gallen: Pflanzengalle; Wucherung an Blättern oder Trieben, die durch die Eiablage bestimmter Insekten (Gallwespen, Gallmücken) oder Milben (Gallmilben) in das betreffende Pflanzenorgan hervorgerufen wird. In der Galle wächst die Larve heran.

Gliederfüßer: artenreiche, über eine Million Arten umfassende Tiergruppe, zu der alle Krebse, Spinnentiere, Tausendfüßer und Insekten gehören.

Haftballen: besondere polsterförmige Vorrichtungen, etwa an den Füßen von Fliegen, mit deren Hilfe die Tiere besonders gute Haftung auf glatten Unterlagen wie Fensterscheiben oder Zimmerdecken haben.

Insektizide: chemische oder pflanzliche Mittel, die Insekten töten. Sie werden in der Landwirtschaft gegen Pflanzenschädlinge und in bestimmten Gebieten (Tropen) gegen krankheitsübertragende Insekten wie die Anopheles-Mücke eingesetzt.

Kiemen: Atmungsorgane von vielen im Wasser lebenden Tieren (Fische, Kaulquappen als Jugendformen der Lurche), mit deren Hilfe Sauerstoff aus dem Wasser aufgenommen wird.

Köcher: selbst gebaute Hülle von den Larven der Köcherfliege, in der der empfindliche, weiche Hinterleib geschützt ist. Die Larve verwebt verschiedene Kleinteile aus ihrem Lebensraum (meist Wasserlinsen, aber auch Steinchen, kleine Holzstückchen, kleine Schneckenhäuschen oder Algenteilchen) mit der selbst gesponnenen Spinnseide zu einer festen, länglichen Röhre.

Kokon: Schutzhülle für die Eier von verschiedenen Spinnen oder Insekten. Das Weibchen stellt den Eikokon her – bei den Wolfspinnen etwa spinnt das Weibchen den Kokon aus selbst gesponnener Spinnseide und trägt darin die Eier mit sich herum. Die Raupen der Seidenspinner etwa spinnen am Ende ihrer Entwicklung einen Larvenkokon um sich herum, in dem sie die Puppenruhe verbringen. Der Seidenfaden dieser Kokons wird von Menschen abgewickelt und dient als Grundlage für Seidenstoffe.

Larve: Jugendform von Insekten und anderen wirbellosen Tieren, die meist ganz anders aussehen als die erwachsenen Tiere. Im Lauf ihrer Entwicklung wird die Larve größer und ähnelt immer mehr dem erwachsenen Tier. Bei manchen Tiergruppen wie Käfer und Schmetterlinge entwickelt sich die Larve nicht direkt zum fertigen Insekt, sondern über ein besonderes Ruhestadium, der Puppe.

Laubstreu: wird auch Bodenstreu genannt; dazu gehören alle unzersetzten pflanzlichen Teile, die sich auf dem Waldboden befinden wie Falllaub, herabgefallene Nadeln und Zweige.

Legebohrer: Körperteil am Hinterleib weiblicher Heuschrecken (und anderer Insekten), mit deren Hilfe die Eier tief im Erdboden abgelegt werden. Mit dem Legebohrer können die Tiere nicht stechen.

Mundwerkzeuge: spezielle Gliedmaßen am Kopf, mit deren Hilfe Insekten, Spinnen und andere Gliederfüßer ihre Nahrung zerteilen und in den Mund schieben. Je nach Nahrung sind die Mundwerkzeuge verschieden aufgebaut. Libellen, Käfer und Heuschrecken etwa besitzen beißend-kauende Mundwerkzeuge. Bienen besitzen leckend-saugende Mundwerkzeuge, Schmetterlinge saugende (Saugrüssel) und Stechmücken stechend-saugende Mundwerkzeuge (Stechrüssel).

Nadelstreu: spezielle Laubstreu, die nur aus den Nadelblättern der Nadelbäume besteht. Diese kommt in Nadelwäldern vor. Da die Nadelstreu sehr sauer ist, können nur sehr wenige Lebewesen darin leben.

Puppe: Entwicklungsform zwischen Larve und erwachsenem Insekt, die bei manchen Insekten wie Schmetterlingen, Käfern, Fliegen, Bienen und Wespen vorkommt. Dazu hüllt sich die Larve in eine harte Hülle ein und ruht ohne zu Fressen für einige Tage bis zu mehreren Jahren. Während dieser Ruhezeit (die sogenannte Puppenruhe) wird das Insekt von der Larve zu dem fertigen Tier umgebaut. Am Ende der Puppenruhe schlüpft das fertige Insekt.

Radnetz: regelmäßig gebautes Spinnennetz der Kreuzspinnen. Es besteht aus selbst gesponnener Spinnenseide. Um die gerüstbildenden Rahmen- und Speichenfäden werden klebrige Fang- und nichtklebrige Lauffäden gesponnen. Wenn das Netz nicht mehr brauchbar ist, frisst es die Spinne auf und gewinnt so die wertvollen Eiweiße der Spinnfäden zurück. Ein Spinnennetz besteht aus rund 18 m klebrigen Fangfäden.

Saugrüssel: spezielles Mundwerkzeug der Schmetterlinge, das aus einem langen, einrollbaren Saugrohr besteht. Mit dem Saugrüssel können Schmetterlinge in tiefe Blütenkelche eintauchen und Nektar saugen.

Schwebstoffe: auch Schwebteilchen; kleinste tierische und pflanzliche Lebewesen wie Algen, Eier und Larven von Krebstieren und anderen Wassertieren oder deren Reste, die im Wasser schweben und mit dem bloßen Auge nicht sichtbar sind.

Segment: gleichartiger Abschnitt eines Tierkörpers, etwa beim Regenwurm oder Tausendfüßer.

Sekret: mehr oder weniger flüssiges Produkt einer Körperdrüse, das nach außen oder innen abgesondert wird und für den tierischen (oder menschlichen) Körper verwertbar ist wie etwa Speichel oder Magensaft. Auch viele Duft-, Lock-, Farb- und Schutzstoffe sowie die Gifte der Gifttiere sind Sekrete.

Stechrüssel: spezielle Mundwerkzeuge der Stechmücken, bei denen die Unterlippe eine Rinne bildet, die von der Oberlippe bedeckt wird und in der die feinen Stechborsten gleiten. Nach dem Stich wird gleichzeitig mit dem Saugen ein gerinnungshemmendes Sekret in die Wunde gespritzt, damit das Blut flüssig bleibt. Dieses Sekret löst den Juckreiz nach dem Stich aus.

Tannenhonig: ein spezieller Honig, der nicht aus dem Nektar von Blüten besteht, sondern aus den süßen Ausscheidungen von an Tannen und anderen Nadelgehölzen saugenden Blattläusen. Diese süßen Lausausscheidungen werden von Honigbienen gesammelt, im Honigmagen in den Stock transportiert und dort auf die übliche Weise zu Honig verarbeitet.

Tupfrüssel: spezielle Mundwerkzeuge der Fliegen, bei denen der saugende Rüssel stempelförmig ist. Mit diesem Rüssel können Fliegen nur flüssige Nahrung aufnehmen. Feste Stoffe wie Zucker muss die Fliege zunächst mit ihrem Speichel auflösen, bevor sie sie aufnehmen kann.

Dieses Buch hat dir gefallen?
Dann lies doch hier weiter:

ISBN 978-3-96455-311-9

ISBN 978-3-96455-309-6

ISBN 978-3-96455-310-2

ISBN 978-3-96455-258-7

moses. Verlag GmbH
Arnoldstraße 13d
47906 Kempen
Fon 0 21 52 - 20 98 50
Fax 0 21 52 - 20 98 60

Mail info@moses-verlag.de
www.moses-verlag.de

ISBN 978-3-96455-308-9

Text: Bärbel Oftring

Illustrationen: Gerd Ohnesorge, Arno Kolb, Axel Nicolai, Thomas Müller

Fotos: © Adobestock, Fotolia, iStockphoto, Biopix, Walter Müller
Fotos Cover: © stock.adobe.com: JWS (Insektenhotel Hintergrund), LLG (Hintergrund verschwommen), kulzfotolia (Libelle auf Ast), Joost (Biene an Holz), eyetronic (Buchenblätter freigestellt), blackdiamond67 (Libelle freigestellt blau und Schmetterling)
© shutterstock.com: Varuna (Gras und Blumen)

Layout, Typographie und Satz: Melanie Dahmen

Redaktion: Daniela Schönkes-Pasch

Herstellung: Nicole Bienia

Printed in Poland.

FSC
www.fsc.org
MIX
Papier | Fördert gute Waldnutzung
FSC® C018236

CERTIFIED cradle to cradle BRONZE

Inhaltsseiten gedruckt auf MAESTRO® PRINT Papier Cradle to Cradle Certified® in der Stufe Bronze. Cradle to Cradle Certified® ist ein eingetragenes Markenzeichen des Cradle to Cradle Products Innovation Institute.

Klimaneutral
Druckprodukt
ClimatePartner.com/14161-2001-1001